Dr. Jaerock Lee

PARANTAVA

JUMALA

URIM
BOOKS

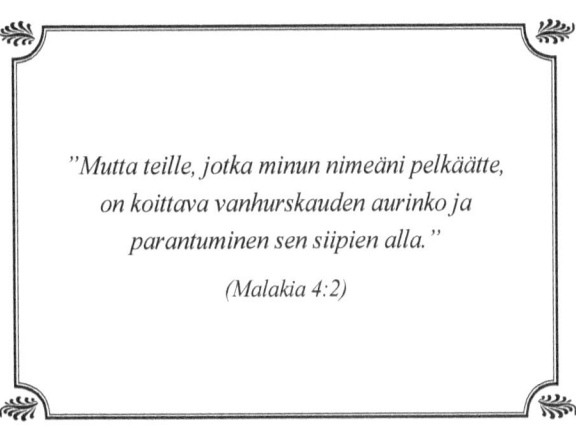

"Mutta teille, jotka minun nimeäni pelkäätte, on koittava vanhurskauden aurinko ja parantuminen sen siipien alla."

(Malakia 4:2)

PARANTAVA JUMALA, kirjoittanut Dr. Jaerock Lee
Julkaisija: Urim Kirjat (Urim Books, Edustaja: Seongkeon Vin)
235-3, Guro-dong3, Guro-gu, Soul, Korea
www.urimbooks.com

ISBN: 978-89-7557-670-6

Ensimmäinen painos Helmikuu 2013

Julkaistu aiemmin koreankielisenä Urim Kirjojen toimesta, Seoul, Korea.
Tekijänoikeus, 1992

Editoinut Dr. Geumsun Vin
Suunnittelu: Editorial Bureau of Urim Kirjat
Painaja: Yewon Kirjapaino
Lisätietoja varten ota yhteyttä: urimbook@hotmail.com

Esipuhe

Aineellisen sivistyksen ja hyvinvoinnin jatkuvasti edistyessä ja kasvaessa ihmisillä on enemmän vapaa-aikaa ja varaa nauttia siitä. Lisäksi, saavuttaakseen terveemmän ja miellyttävämmän elämän, ihmiset investoivat aikaan ja terveyteen ja huomioivat tarkasti kaikenlaisen hyödyllisen tiedon.

Kuitenkin, koska ihmisen elämä, ikääntyminen, sairaudet ja kuolema ovat Jumalan vallassa, sitä ei voi hallita rahalla, tai tiedolla. Lisäksi on kiistaton tosiasia, että ihmisen tiedonlisääntymisen avulla vuosisatojen aikana kehittämästä erittäin pitkälle viedystä lääketieteestä huolimatta parantumattomia ja kuolemaan johtavia sairauksia potevien ihmisten määrä on jatkuvasti kasvanut.

Läpi maailman historian on ollut lukematon määrä eri uskontojen ja tietämyksen ihmisiä – mukaan lukien Buddha ja Konfutse – mutta he kaikki olivat hiljaa kohdatessaan kysymykset ikääntymisestä, sairauksista ja kuolemasta, eikä kukaan heistä voinut välttää niitä. Nämä kysymykset liittyvät syntiin ja ihmiskunnan pelastukseen, joista kumpikaan ei ole ihmisen ratkaistavissa.

Nykyisin on olemassa lukuisia sairaaloita ja apteekkeja, joihin on helppo päästä ja, jotka näyttävät olevan valmiina tekemään yhteiskunnastamme sairauksista vapaan ja terveen. Kuitenkin kehomme ja maailmamme vilisee kaikenlaisia sairauksia vaihdellen tavallisesta flunssasta, alkuperältään tuntemattomiin sairauksiin ja vaivoihin, joihin ei ole parannusta. Ihmiset syyttävät helposti ilmastoa ja ympäristöä, tai näkevät sen luonnollisena ja fysiologisena ilmiönä ja luottavat lääkkeisiin ja lääketieteeseen.

Saadaksemme perustavanlaatuisen paranemisen ja viettääksemme tervettä elämää, jokaisen meistä tulee tajuta, mistä sairaus on kotoisin ja kuinka voimme saada parannuksen. Evankeliumiin ja totuuteen on aina kaksi puolta: varattuna niille ihmisille, jotka eivät hyväksy niiden olevan kirous ja rangaistus, kun taas niille, jotka hyväksyvät ne, on varattuna siunaus ja elämä. On Jumalan tahto salata totuus niiltä, jotka kuten fariseukset ja lain opettajat, pitävät itseään viisaina ja älykkäinä; on myös Jumalan tahto paljastaa totuus niille, jotka ovat kuten lapset, haluavat sitä, ja avaavat sydämensä (Luukkaan evankeliumi 10:21). Jumala on selvästi luvannut siunauksen niille, jotka noudattavat

Hänen käskyjään ja elävät niiden mukaisesti, samalla kun Hän on yksityiskohtaisesti kirjoittanut ylös kirouksen ja kaikenlaiset sairaudet, jotka kohtaavat heitä, jotka eivät noudata Hänen käskyjään (5. Mooseksen kirja 28:1-68).

Muistuttamalla Jumalan sanaa uskottomille ja vieläpä joillekin uskoville, jotka ovat jättäneet sen huomioimatta, nämä sanat yrittävät saattaa sellaiset ihmiset sairauksista ja vaivoista vapaalle tielle.

Riippumatta, kuinka paljon kuulette, luette, ymmärrätte ja teette Jumalan sanasta ruokaanne – Jumalan pelastuksen ja parannuksen voimalla – saakoon jokainen teistä parannuksen sairauksista ja vaivoista, niin suurista kuin pienistä, asukoon teissä ja perheissänne aina terveys. Tätä rukoilen Herramme nimeen!

Jaerock Lee

Sisällysluettelo

Esipuhe

Kappale 1

Sairauden alkuperä ja paranemisen säde

Malakia 4:2

"Mutta teille, jotka minun nimeäni pelkäätte, on koittava vanhurskauden aurinko ja parantuminen sen siipien alla, ja te käytte ulos ja hypitte kuin syöttövasikat."

Sairauden pohjimmainen syy

Koska ihmiset haluavat viettää onnellista ja tervettä elämää heidän maanpäällisenä aikanaan, he syövät kaikenlaista "terveysruokaa" ja he huomioivat ja etsivät salaisia terveysmenetelmiä. Kuitenkin, huolimatta materiaalisen sivilisaation ja lääketieteen edistymisestä, todellisuus on, ettei kärsimyksiä parantumattomista ja kuolemaanjohtavista sairauksista voida estää.

Eikö ihminen voi olla vapaa sairauden piinasta hänen maanpäällisenä aikanaan?

Ihmiset syyttävät helposti ilmastoa ja ympäristöä, tai näkevät sen luonnollisena ja fysiologisena ilmiönä ja luottavat lääkkeisiin ja lääketieteeseen. Jokainen voi kuitenkin olla niistä vapaa, kaikkien sairauksien ja vaivojen lähteiden tultua määritellyksi.

Raamattu esittää meille perimmäiset keinot, miten jokainen voi elää sairauksista vapaana ja vaikkapa sairaanakin, keinot, miten hän voi saada parannuksen:

[Jumala] sanoi, "Jos sinä kuulet Herraa, Jumalaasi, ja teet, mikä on oikein Hänen silmissänsä, tarkkaat Hänen käskyjänsä ja noudatat kaikkea Hänen takiansa, niin minä en pane sinun kärsittäväksesi yhtäkään niistä vaivoista, jotka olen pannut egyptiläisten kärsittäviksi, sillä minä olen Herra, sinun parantajasi" (2. Mooseksen kirja 15:26).

Tämä on uskollisen Jumalan sana, Jumalan, joka hallitsee ihmisen elämää, kuolemaa, kirousta ja siunausta ja annettuna meille henkilökohtaisesti. Mitä sitten on sairaus ja miksi ihminen saa sen? Lääketieteellisesti, "sairaus" viittaa kaikenlaiseen kyvyttömyyteen ihmisen kehon eri osissa—epätavalliseen, tai epänormaaliin terveystilanteeseen, joka kehittyy ja leviää useimmiten bakteerien toimesta. Toisin sanoen, sairaus on sairauden aiheuttavan bakteerin, tai myrkyn aiheuttama epänormaali kehon tila.

2. Mooseksen kirjassa 9:8-9 on kuvaus prosessista, missä paiserutto tuotiin Egyptiin:

Sitten Herra sanoi Moosekselle ja Aaronille, "Ottakaa kahmalonne täyteen pätsin nokea, ja Mooses viskatkoon sen taivasta kohti faraon silmien edessä. Niin se muuttuu tomuksi, joka peittää koko Egyptin maan, ja siitä tulee ihmisiin ja karjaan märkäpaiseita kaikkialla Egyptin maassa."

2. Mooseksen kirjasta luemme Jumalan tekevän eron israelilaisten ja egyptiläisten välillä. Ne israelilaiset, jotka palvoivat Jumalaa, eivät saaneet ruttoa, kun taas egyptiläiset, jotka eivät sen enempää palvoneet Jumalaa kuin eläneet Hänen tahtonsa mukaisesti saivat ruton esikoisilleen.

Läpi raamatun opimme, että vaikka sairaus on Jumalan vallassa, Hän suojelee sairauksilta niitä, jotka kunnioittavat

Häntä ja, että sairaus kohtaa niitä, jotka tekevät syntiä Hänen kääntäessään kasvonsa pois sellaisista ihmisistä. Miksi sitten on olemassa sairautta ja kärsimystä sairaudesta? Tarkoittaako tämä, että Jumala, Luoja teki sairauden luomistyönsä yhteydessä niin, että ihminen elää sairauden vaarassa? Jumala, Luoja loi ihmisen ja hallitsee maailmankaikkeutta hyvyydellä, vanhurskaudella ja rakkaudella. 1. Mooseksen kirjassa 1:26-28 sanotaan seuraavasti:

Ja Jumala sanoi, "Tehkäämme ihminen kuvaksemme, kaltaiseksemme; ja vallitkoot he meren kalat ja taivaan linnut ja karjaeläimet ja koko maan ja kaikki matelijat, jotka maassa matelevat." Ja Jumala loi ihmisen omaksi kuvaksensa, Jumalan kuvaksi Hän hänet loi; mieheksi ja naiseksi Hän loi heidät. Ja Jumala siunasi heidät, ja Jumala sanoi heille, "Olkaa hedelmälliset ja lisääntykää ja täyttäkää maa ja tehkää se itsellenne alamaiseksi, ja vallitkaa meren kalat ja taivaan linnut ja kaikki maan päällä liikkuvat eläimet."

Luotuaan ihmiselle mitä sopivimman elinympäristön (1. Mooseksen kirja 1:3-25), Jumala loi ihmisen omaksi kuvakseen, siunasi heidät ja antoi heille suuren vapauden ja vallan.

Ajan kuluessa ihmiset nauttivat vapaasti Jumalan antamista siunauksista, noudattivat Hänen määräyksiään ja elivät paratiisissa, missä ei ollut kyyneleitä, surua, kärsimystä ja sairautta. Jumalan nähdessä, että kaikki Hänen luomansa oli hyvää (1. Mooseksen kirja 1:31), Hän antoi yhden määräyksen: *"Syö vapaasti kaikista muista paratiisin puista, mutta hyvän ja pahan tiedon puusta älä syö, sillä sinä päivänä, jona sinä siitä syöt, pitää sinun kuolemalla kuoleman"* (1. Mooseksen kirjas 2:16-17).

Kuitenkin, kun viekas käärme näki, etteivät ihmiset olleet pitäneet Jumalan käskyä mielissään, vaan jättäneet noudattamatta sitä, käärme houkutteli Eevaa, ensimmäisen luodun ihmisen vaimoa. Aatamin ja Eevan syödessä hyvän ja pahan tiedon puusta ja tehdessä syntiä (1. Mooseksen kirja 3:1-6), Jumalan varoituksen mukaisesti, kuolema kohtasi ihmisen (Paavalin kirje roomalaisille 6:23).

Tehtyään tottelemattomuuden synnin ja saatuaan synnin palkan ja kohdattuaan kuoleman, ihmisen henki - hänen isäntänsä - kuoli myös ja yhteys ihmisen ja Jumalan välillä katkesi. Heidät ajettiin pois paratiisista ja he tulivat elämään kyynelissä, surussa, kärsimyksessä, sairaudessa ja kuolemassa. Kaiken maan päällä tultua kirotuksi, se tuotti orjantappuroita ja ohdakkeita ja vain otsansa hiessä ansaitsivat he leipänsä (1. Mooseksen kirja 3:16-24).

Näin, sairauden perimmäinen syy on Aatamin tottelemattomuuden mukanaan tuoma alkuperäinen synti. Ellei Aatami olisi ollut Jumalalle tottelematon, häntä ei olisi ajettu pois paratiisista, vaan hän olisi viettänyt tervettä elämää kaikkina aikoina. Toisin sanoen, yhden ihmisen kautta jokainen ihminen on tullut syntiseksi ja tullut elämään kaikenlaisten sairauksien ja kärsimysten vaaroissa. Ilman, että ensin ratkaisee synnin ongelman, ketään ei voida julistaa vanhurskaaksi Jumalan silmissä lakia noudattamalla (Paavalin kirje roomalaisille 3:20).

Vanhurskauden aurinko parantuminen siivissään

Malakia 4:2 sanoo meille, *"Mutta teille, jotka minun nimeäni pelkäätte, on koittava vanhurskauden aurinko ja parantuminen sen siipien alla, ja te käytte ulos ja hypitte kuin syöttövasikat."* *Tässä "vanhurskauden aurinko" viittaa Messiaaseen.*

Ihmisten ollessa tuhon ja sairauden kärsimyksen tiellä, Jumala sääli meitä ja pelasti meidät kaikista synneistä Jeesuksen Kristuksen kautta, jonka Hän oli valmistanut sallimalla hänen tulla ristiinnaulituksi ja hänen vertansa vuodatettavan. Sen vuoksi, jokainen Jeesuksen Kristuksen hyväksynyt, vastaanotti syntiensä anteeksiannon ja saavutti pelastuksen, ja voi nyt olla vapaa sairaudesta sekä elää tervettä elämää. Kaiken ollessa kirottua, ihmisen täytyi elää sairauden vaarassa niin pitkään, kuin hengitti, mutta Jumalan rakkauden ja armon ansiosta polku vapauteen sairauksista on nyt auki.

Jumalan lasten vastustaessa syntiä aina verensä vuodattamiseen asti (Kirje hebrealaisille 12:4) ja eläessään Hänen sanansa mukaisesti, Hän suojaa heitä silmillään, jotka ovat kuin palava tuli ja suojaa heitä Pyhän Hengen pelottavalla seinällä niin, ettei mikään ilman myrkky pääse koskaan heihin. Vaikka joku sairastuisikin, hänen katuessaan ja kääntyessään pois tavoistaan, Jumala polttaa sairauden ja parantaa sairastuneet osat kehossamme. Tämä on parantamista "vanhurskauden auringolla."

Nykyaikainen lääketiede on kehittänyt ultraviolettivaloterapian, jota käytetään nykyisin laajalti estämään ja parantamaan sairauksia. Ultraviolettivalo on erittäin tehokas tuhoamaan bakteereita ja aiheuttamaan kemiallisia muutoksia ihmiskehossa. Tämä terapia voi tuhota 99% paksusuolen bakteereista, kurkkumädän ja punataudin basilleista ja on myös tehokas tuberkuloosiin, raihnaisuuteen, anemiaan, reumatismiin ja ihosairauksiin. Kuitenkaan ultraviolettivalohoidon tehoista ja voimallista terapiaa ei voida soveltaa kaikkiin sairauksiin.

Vain raamatun kirjoitusten mukainen "Vanhurskauden aurinko parantavin siivin" on voimansäde, joka voi parantaa sairaudet. Vanhurskauden auringon säteitä voidaan käyttää kaikenlaisten sairauksien parantamiseen ja, koska se koskee kaikkia ihmisiä, Jumalan tapa parantaa on todella yksinkertainen, kuitenkin täydellinen ja pohjimmiltaan paras.

Vähän sen jälkeen, kun olin perustanut kirkkoni, lähellä kuolemaa oleva ja halvaantumisesta ja syövästä johtuvista hirvittävistä kivuista kärsivä potilas tuotiin luokseni paareilla. Hän ei kyennyt puhumaan, koska hänen kielensä oli jäykistynyt, eikä liikuttamaan kehoaan, koska hän oli täysin halvaantunut.

Lääkäreiden luovuttua toivosta, Jumalan voimaan uskova potilaan vaimo kehotti miestään antamaan kaiken Hänen huostaansa. Tajutessaan ainoan keinon säilyä elävänä olevan takertua Jumalaan ja anoa Häneltä armoa, potilas yritti palvoa Häntä, vaikka olikin makuullaan ja myös hänen vaimonsa anoi armoa todellisessa uskossaan ja rakkaudessaan. Nähdessäni näiden kahden uskon, myös minä rukoilin kuumeisesti miehen puolesta. Pian jälkeenpäin, mies joka oli aiemmin syyttänyt vaimoaan Jeesukseen uskomisesta, alkoi katua avaamalla sydämensä ja Jumala lähetti parannuksen säteen, poltti miehen kehon Pyhän Hengen tulella ja puhdisti hänen kehonsa. Halleluja! Perimmäisen sairauden syyn tultua poltetuksi, mies alkoi pian kävellä ja juosta ja tuli jälleen terveeksi. On tarpeetonta sanoa, kuinka Manmin seurakunnan jäsenet antoivat kunnian Jumalalle ja iloitsivat kokiessaan tämän hämmästyttävän parannuksen Jumalan toimesta.

Sinulle, joka palvot nimeäni

Jumalamme on kaikkivaltias Jumala, joka loi maailmankaikkeuden sanallaan ja, joka loi ihmisen tomusta. Koska tällaisesta Jumalasta on tullut Isämme, vaikka sairastumme, luottaessamme uskossamme Häneen kokonaan, Hän näkee ja tunnistaa uskomme ja mielellään parantaa meidät. Ei ole mitään vikaa tulla parannetuksi sairaalassa, mutta Jumala on iloinen lapsistansa, jotka uskovat Hänen kaikkitietävyyteensä ja kaikkivoimaisuuteensa, jotka kutsuvat Häntä aidosti ja, jotka saavat parannuksen ja antavat Hänelle kiitoksen. 2. Kuningasten kirjassa 20:1-11 on tarina Hiskiaasta, Juudan kuninkaasta, joka sairastui Assyrian hyökätessä hänen kuningaskuntaansa, mutta vastaanotti täydellisen parantumisen kolme päivää sen jälkeen. kun oli rukoillut Jumalaa ja hänen elämänsä jatkui viisitoista vuotta.

Profeetta Jesajan kautta, Jumala kertoo Hesekielelle *"Toimita talosi, sillä sinä kuolet etkä enää parane"* (2 Kuningasten kirja 20:1; Jesaja 38:1). Toisin sanoen, Hesekielelle annettiin kuolemantuomio, jossa häntä kehotettiin valmistautumaan kuolemaan ja järjestämään kuningaskuntansa ja perheensä asiat. Kuitenkin Hesekiel käänsi välittömästi kasvonsa seinään päin ja rukoili Herraa (2. Kuningasten kirja 20:2). Kuningas oli tajunnut sairautensa olevan seuraus suhteestaan Jumalaan, pani kaiken sivuun ja päätti rukoilla.

Hesekielen rukoillessa itkuisena kuumeisesti Jumalaa, Hän kertoo ja lupaa kuninkaalle, *"Minä olen kuullut sinun rukouksesi, olen nähnyt sinun kyyneleesi. Katso, minä lisään sinulle ikää viisitoista vuotta. Ja minä pelastan sinut ja tämän kaupungin Assyrian kuninkaan käsistä ja varjelen tätä kaupunkia"* (Jesaja 38:5-6). Voimme myös kuvitella, kuinka tosissaan ja kiihkeästi Hesekielen on täytynyt rukoilla, Jumalan sanoessa hänelle, "Minä olen kuullut sinun rukouksesi, olen nähnyt sinun kyyneleesi."

Jumala vastasi Hesekielen pyyntöön ja paransi kuninkaan täysin niin, että hän saattoi mennä ylös Jumalan temppelille kolmen päivän kuluttua. Lisäksi Jumala jatkoi Hesekielen elämää viisitoista vuotta ja Hesekielen loppuelämän aikana Hän varjeli Jerusalemin kaupunkia Assyrian uhalta.

Koska Hesekiel oli täysin tietoinen, että elämä ja kuolema olivat Jumalan vallassa, Hänen rukoilemisensa oli hänelle äärimmäisen tärkeää. Jumala ilahtui Hesekielen vaatimattomuudesta ja uskosta, lupasi kuninkaalle parantumisen ja Hesekielen etsiessä merkkiä parantumisestaan, Hän jopa laittoi varjon menemään takaisin kymmenen astetta, jotka se oli jo laskeutunut Aahaan aurinkokellossa (2. Kuningasten kirja 20:11). Jumalamme on parantumisen Jumala ja hyvin ajattelevainen Isä, joka antaa etsiville.

Vastavuoroisesti, löydämme 2. Aikakirjassa 16:12-13, *"K olmantenakymmenentenäyhdeksäntenä hallitusvuotenaan Aasa sairastui jaloistaan. Hänen tautinsa yltyi kovaksi, mutta taudissaankaan hän ei etsinyt Herraa, vaan lääkäreitä. Sitten Aasa meni lepoon isiensä tykö ja kuoli neljäntenäkymmenentenäyhdentenä hallitusvuotenaan."* Hänen tullessaan alunperin kuninkaaksi, *"Aasa teki sitä, mikä oli oikein Herran silmissä, niinkuin hänen isänsä Daavid."* (1. Kuningasten kirja 15:11). Hän oli aluksi viisas hallitsija, mutta menettäessään vähitellen uskonsa Jumalaan, ja alkaessaan luottaa enemmän ihmiseen, kuningas ei voinut saada Jumalan apua.

Baashan, Israelin kuninkaan hyökättyä Juudaan, Aasa luotti

Ben-Hadadiin, Aramin kuninkaaseen, eikä Jumalaan. Hanani, näkijä moitti Aasaa tästä, mutta hän ei muuttanut tapojaan, vaan sen sijaan vangitsi näkijän ja alisti omaa kansaansa (2. Aikakirja 16:7-10). Ennen kuin Aasa alkoi luottaa kuningas Aramiin, Jumala puuttui Aramin armeijaan niin, ettei se kyennyt valloittamaan Juudaa. Siitä hetkestä lähtien, jolloin Aasa Jumalan sijasta luotti kuningas Aramiin, Juudan kuningas ei enää voinut saada mitään apua Häneltä. Lisäksi, Hän ei voinut olla tyytyväinen Aasaan, joka haki apua mieluummin lääkäreiltä, kuin Jumalalta. Tämä on syy, miksi Aasa kuoli vain kaksi vuotta sen jälkeen, kun oli sairastunut jaloistaan. Vaikkakin Aasa tunnusti uskonsa Jumalaan, mutta koska hän ei näyttänyt halua uskoon eikä kutsunut Jumalaa, kaikkivaltias Jumala ei voinut tehdä mitään kuninkaan hyväksi.

Parannuksen säde Jumalaltamme voi parantaa kaikenlaisia sairauksia niin, että halvaantuneet voivat seisoa ja kävellä, sokeat alkavat nähdä, kuurot alkavat kuulla, ja kuolleet tulevat takaisin elämään. Sen vuoksi, että parantavalla Jumalalla on rajoittamaton valta, sairauden vakavuus on merkityksetöntä. Jumalalle, Parantajalle ovat sama asia niin pieni vilustuminen, kuin vakava syöpäkin. Paljon tärkeämpi asia on millaisella sydämellä tulemme Jumalan eteen: onko se kuten Aasan sydän, vai kuten Hesekielen.

Hyväksy Jeesus Kristus, vastaanota vastaus synnin ongelmaan, tule vanhurskaaksi uskossa, miellytä Jumalaa nöyrällä sydämellä ja uskolla yhdistettynä Hesekielen tapaisiin tekoihin, vastaanota parantuminen mihin tahansa ja kaikkiin sairauksiin ja vietä aina tervettä elämää Herramme nimessä. Tätä minä rukoilen!

Kappale 2

Haluatko tulla terveeksi?

Johanneksen evankeliumi 5:5-6

"Siellä oli mies, joka oli sairastanut
kolmekymmentäkahdeksan vuotta. Kun Jeesus näki
hänen siinä makaavan ja tiesi hänen jo kauan aikaa
sairastaneen, sanoi hän hänelle: 'Tahdotko tulla
terveeksi?'"

Haluatko tulla terveeksi?

On olemassa paljon erilaisia tapauksia ihmisistä, jotka eivät ole aiemmin tunteneet Jumalaa ja jotka ovat tulleet Hänen eteensä. Jotkut tulevat Hänen luokseen seuratessaan omaa hyvää omaatuntoaan, toisten tavatessa Hänet tultuaan käännytetyiksi. Jotkut toiset tapaavat Jumalan koettuaan epäilyksiä elämässään liiketoiminnan epäonnistumisien, tai perheongelmien vuoksi. Vielä jotkut muut tulevat Hänen eteensä kiireisin sydämin, koettuaan hirvittäviä fyysisiä kipuja, tai kuolemanpelkoa.

Kuten invalidi, joka oli kärsinyt kivuista kolmekymmentäkahdeksan vuotta Bethesdan altaalla, antaaksesi sairautesi kokonaan Jumalan käsiin ja vastaanottaaksesi parantumisen, sinun täytyy haluta parantumista yli kaiken.

Jerusalemissa lähellä lampaiden porttia oli allas, jota hebrealaiset kutsuivat nimellä "Bethesda." Sitä ympäröi viisi katoksellista pylväikköä, jonne sokeat, rammat ja halvaantuneet kerääntyivät ja missä he makasivat, koska tarina kertoi enkelin tulevan aika ajoin taivaasta ja sekoittavan altaan vettä. Uskomus oli myös, että ensimmäinen, joka meni altaaseen veden sekoittamisen jälkeen, altaan, jonka nimi tarkoitti "Armon taloa", parantuisi mistä tahansa sairaudesta.

Nähdessään kolmekymmentäkahdeksan vuotta invalidina olleen makaavan altaan äärellä ja tietäen, kuinka kauan mies oli kärsinyt, Jeesus kysyi häneltä, "Haluatko tulla terveeksi?" Mies vastasi, *"Herra, minulla ei ole ketään, joka veisi minut altaaseen, kun vesi on sekoitettu; ja kun minä olen menemässä, astuu toinen sinne ennen minua"* (Johanneksen evankeliumi 5:7). Tämän kautta mies tunnusti Herralle, että vaikka hän totisesti halusi parantua, hän ei voinut sitä yksin saavuttaa. Herramme näki miehen sydämeen ja sanoi hänelle *"Nouse, ota vuoteesi ja käy,"* ja mies parantui heti, otti vuoteensa ja kävi. (Johanneksen evankeliumi 5:8).

Sinun täytyy hyväksyä Jeesus Kristus

Kun kolmekymmentäkahdeksan vuotta invalidina ollut mies kohtasi Jeesuksen, hän sai parannuksen välittömästi. Koska hän uskoi Jeesukseen Kristukseen, todellisen elämän lähteeseen, mies sai kaikki syntinsä anteeksi ja parantui sairaudestaan.

Onko joku teistä ahdistunut sairaudessaan? Jos kärsit sairauksista ja haluat tulla Jumalan eteen ja vastaanottaa parantumisen, sinun täytyy ensin hyväksyä Jeesus Kristus, tulla Jumalan lapseksi, ja vastaanottaa anteeksianto poistaaksesi kaikki esteet itsesi ja Jumalan väliltä. Sinun tulee sitten uskoa Jumalan olevan kaikkitietävä ja kaikkivaltias, Hän voi suorittaa mitä tahansa ihmetekoja. Sinun tulee myös uskoa, että olemme pelastetut kaikista sairauksistamme Jeesuksen ruoskimisen kautta ja, että etsiessäsi Jeesuksen Kristuksen nimeen, tulet vastaanottamaan parantumisen.

Kun pyydämme tällaista uskoa, Jumala kuulee uskomme

rukouksen ja todistaa parannuksen työn. Ei väliä, kuinka kauan olet sairastanut, tai kuinka vakava sairautesi on, anna kaikki sairautesi huolet Jumalalle muistaen, että voit tulla jälleen ehjäksi sinä hetkenä, jolloin Jumalan voima parantaa sinut.

Markuksen evankeliumissa 2:3-12 kuvatun halvaantuneen kuullessa ensi kertaa Jeesuksen saapuneen Kapernaumiin, mies tahtoi mennä hänen luokseen. Kuullessaan Jeesuksen parantaneen ihmisiä eri sairauksista, ajaneen pois pahoja henkiä, ja parantaneen spitaalisia, halvaantunut ajatteli, että jos hän uskoo, hänkin voi saada parantumisen. Halvaantuneen tajuttua, ettei voi päästä Jeesuksen lähelle suuren paikalle kerääntyneen kansanjoukon vuoksi, hän kaivautui ystäviensä avulla sen talon katon läpi, jossa Jeesus oli, ja matto, jolla hän makasi, laskettiin alas Jeesuksen eteen.

Voitko kuvitella, kuinka paljon halvaantuneen on täytynyt haluta päästä Jeesuksen luo tehdäkseen kaiken tämän? Kuinka Jeesus reagoi, kun halvaantunut, joka ei voinut kulkea paikasta toiseen, eikä kulkea ympäriinsä kansanjoukon vuoksi, näytti uskonsa ja päättäväisyytensä ystäviensä avulla? Jeesus ei moittinut halvaantunutta hänen huonosta käytöksestään, vaan sen sijaan sanoi hänelle, "Poika, syntisi ovat anteeksiannetut," ja salli hänen nousta ylös ja kävellä heti.

Sananlaskuissa 8:17 Jumala sanoo meille, *"Minä rakastan niitä, jotka minua rakastavat, jotka minua varhain etsivät, ne löytävät minut."* Jos haluat olla vapaa sairauden kärsimyksistä, sinun täytyy ensin totisesti haluta parantumista, uskoa Jumalan

voimaan, joka voi ratkaista sairauden ongelman ja hyväksyä
Jeesus Kristus.

Sinun täytyy tuhota synnin seinä

Sillä ei ole väliä, kuinka paljon uskot voivasi parantua
Jumalan voimalla, Hän ei voi toimia sinussa, jos sinun ja Jumalan
välillä on synnin seinä. Tämän vuoksi Jesajassa 1:15-17, Jumala
sanoo meille *"Kun te ojennatte käsiänne, minä peitän silmäni
teiltä, vaikka kuinka paljon rukoilisitte, minä en kuule. Teidän
kätenne ovat täynnä verta. Peseytykää, puhdistautukaa;
pankaa pois pahat tekonne minun silmieni edestä. Lakatkaa
pahaa tekemästä, oppikaa tekemään hyvää, harrastakaa
oikeutta, ojentakaa väkivaltaista, hankkikaa orvolle oikeus,
ajakaa lesken asiaa"* ja sitten seuraavassa säkeessä 18 Hän lupaa,
*"Niin tulkaa, käykäämme oikeutta keskenämme. Vaikka teidän
syntinne ovat veriruskeat, tulevat ne lumivalkoisiksi, vaikka
ne ovat purppuranpunaiset, tulevat ne villanvalkoisiksi."*
Löydämme myös seuraavan Jesajasta 59:1-3:

*Katso, ei Herran käsi ole liian lyhyt auttamaan, eikä
Hänen korvansa kuuro kuulemaan. Vaan teidän pahat
tekonne erottavat teidät Jumalastanne ja teidän syntinne
peittävät teiltä Hänen kasvonsa, niin ettei Hän kuule.
Sillä teidän kätenne ovat tahratut verellä ja sormenne*

*vääryydellä; teidän huulenne puhuvat valhetta, teidän
kielenne latelee petosta.*

Ihmiset, jotka eivät tunne Jumalaa, jotka eivät ole
hyväksyneet Jeesusta Kristusta, ja jotka ovat viettäneet oman
tahtonsa mukaista elämää, eivät tajua olevansa syntisiä.
Ihmisten hyväksyessä Jeesuksen Kristuksen pelastajakseen
ja vastaanottaessaan lahjana Pyhän Hengen, Pyhä Henki
tuomitsee maailman syyllisyyden syntiin ja vanhurskauteen ja
tuomitsemiseen, ja ihmiset hyväksyvät ja tunnustavat olevansa
syntisiä (Johanneksen evankeliumi 16:8-11).

Kuitenkin, koska on olemassa tilanteita, joissa ihmiset
eivät tiedä yksityiskohtaisesti, mikä on syntiä, ja ovat siten
kykenemättömiä heittämään pois synnin ja pahan itsestään ja
vastaanottamaan vastauksia Jumalalta, heidän täytyy ensiksi
tietää, mikä on Hänen silmissään syntiä. Koska kaikki sairaudet
ja vaivat tulevat synnistä, vain katsoessasi itseäsi taaksepäin ja
tuhoamalla synnin seinän voit kokea nopean parantamisen työn.

Tutkikaamme, mitä kirjoitukset sanovat meille synnistä ja
kuinka voimme tuhota synnin seinän.

1. Sinun tulee katua, ettet ole uskonut Jumalaan, ja ettet ole hyväksynyt Jeesusta Kristusta.

Raamattu kertoo meille olevan syntiä olla uskomatta
Jumalaan ja olla hyväksymättä Jeesusta Kristusta

pelastajanamme. Monet, jotka eivät usko, sanovat viettävänsä hyvää elämää, mutta nämä ihmiset eivät voi tuntea itseään hyvin, koska he eivät tiedä totuuden sanaa – Jumalan valoa – ja ovat kykenemättömiä erottamaan oikean väärästä.

Vaikka on varma, että on viettänyt hyvää elämää, katsottaessa hänen elämäänsä totuutta vasten, mikä on kaikkivaltiaan, maailmankaikkeuden luoneen ja elämää, kuolemaa, kirousta ja siunausta hallitsevan Jumalan sana, löytyy paljon epävanhurskautta ja epätotuuksia. Tämän vuoksi raamattu kertoo meille *"Ei ole ketään vanhurskasta, ei ainoatakaan"* (Paavalin kirje roomalaisille 3:10) ja, että *"Sentähden, ettei mikään liha tule hänen edessään vanhurskaaksi lain teoista; sillä lain kautta tulee synnin tunto"* (Paavalin kirje roomalaisille 3:20).

Hyväksyessäsi Jeesuksen Kristuksen ja tullessasi Jumalan lapseksi kaduttuasi, ettet ole uskonut Jumalaan ja hyväksynyt Jeesusta Kristusta, kaikkivaltias Jumala tulee Isäksesi ja tulet saamaan vastauksia mihin tahansa sairauteesi.

2. Sinun täytyy katua, ettet ole rakastanut veljiäsi.

Raamattu kertoo meille *"Rakkaani, jos Jumala on näin meitä rakastanut, niin mekin olemme velvolliset rakastamaan toinen toistamme"* (1 Johanneksen kirje 4:11). Se myös muistuttaa meitä, että meidän tulee rakastaa jopa vihollisiamme (Matteuksen evankeliumi 5:44). Jos vihaisimme veljiämme, me olisimme tottelemattomia Jumalan sanalle ja siten syntisiä.

Koska Jeesus osoitti rakkautensa synnissä ja pahuudessa rypevää ihmiskuntaa kohtaan tulemalla ristiinnaulituksi, on vain oikein meille rakastaa vanhempiamme, lapsiamme ja veljiämme sekä siskojamme. Jumalan silmissä ei ole oikein, että vihaamme ja olemme kykenemättömiä antamaan anteeksi merkityksettömien toisiamme kohtaan tuntemiemme pahojen tunteiden ja väärinkäsitysten vuoksi. Matteuksen evankeliumissa 18:23-35, Jeesus antaa meille seuraavan vertauksen:

Sentähden taivasten valtakunta on verrattava kuninkaaseen, joka vaati palvelijoiltansa tiliä. Ja kun hän rupesi tilintekoon, tuotiin hänen eteensä eräs, joka oli hänelle velkaa kymmenentuhatta leiviskää. Mutta kun tällä ei ollut, millä maksaa, niin hänen herransa määräsi myytäväksi hänet ja hänen vaimonsa ja lapsensa ja kaikki, mitä hänellä oli ja velan maksettavaksi. Silloin palvelija lankesi maahan ja rukoili häntä sanoen: 'Ole pitkämielinen minua kohtaan, niin minä maksan sinulle kaikki.' Niin herran kävi sääliksi sitä palvelijaa ja hän päästi hänet ja antoi hänelle velan anteeksi. Mutta mentyään ulos se palvelija tapasi erään kanssapalvelijoistaan, joka oli hänelle velkaa sata denaria; ja hän tarttui häneen, kuristi häntä kurkusta ja sanoi 'Maksa, minkä olet velkaa.' Silloin palvelija lankesi maahan ja rukoili häntä sanoen: 'Ole pitkämielinen

minua kohtaan, niin minä maksan sinulle.' Mutta
hän ei tahtonut, vaan meni ja heitti hänet vankeuteen,
kunnes hän maksaisi velkansa. Kun nyt hänen
kanssapalvelijansa näkivät, mitä tapahtui, tulivat he
kovin murheellisiksi ja menivät ja ilmoittivat herrallensa
kaiken, mitä oli tapahtunut. Silloin hänen herransa kutsui
hänet eteensä ja ja sanoi hänelle: 'Sinä paha palvelija!
Minä annoin sinulle anteeksi kaiken sen velan, koska
sitä minulta pyysit, eikö sinunkin olisi pitänyt armahtaa
kanssapalvelijaasi, niinkuin minäkin sinua armahdin?'
Ja hänen herransa vihastui ja antoi hänet vanginvartijan
käsiin, kunnes hän maksaisi kaiken, minkä oli hänelle
velkaa. Näin myös minun taivaallinen Isäni tekee teille,
ellette anna kukin veljellenne sydämestänne anteeksi.

Vaikkakin olemme vastaanottaneet Isämme Jumalan
anteeksiannon ja armon, olemmeko kykenemättömiä tai
haluttomia hyväksymään veljiemme viat ja puutteet, ja sen sijaan
olemaan taipuvaisia kehittämään kateutta, tekemään vihollisia,
paheksumaan ja provosoimaan toinen toistamme?

Jumala kertoo meille *"Jokainen, joka vihaa veljeänsä, on*
murhaaja ja te tiedätte, ettei kenessäkään murhaajassa ole
iankaikkista elämää, joka hänessä pysyisi." (1 Johanneksen
kirje 3:15), *"Näin myös minun taivaallinen Isäni tekee*
teille, ellette anna kukin veljellenne sydämestänne anteeksi"
(Matteuksen evankeliumi 18:35), ja kehottaa meitä *"Älkää*

huokailko veljet, toisianne vastaan, ettei teitä tuomittaisi, katso tuomari seisoo ovella" (Jaakobin kirje 5:9).

Meidän täytyy muistaa, että jos emme rakastaneet, vaan vihasimme veljiämme – silloin myös me olemme syntisiä – emmekä tule Pyhän Hengen täyttämiksi, vaan kärsimme sairaudesta. Sen vuoksi, vaikka veljemme vihaa meitä ja tuottaa meille pettymyksen, meidän ei tulisi vihata heitä ja tuottaa heille pettymystä, vaan sen sijaan vartioida sydämiämme totuudella, ymmärtää heitä ja antaa heille anteeksi. Sydämiemme täytyy kyetä tarjoamaan rakkauden rukous sellaisille veljille ja siskoille. Ymmärtäessämme, anteeksiantaessamme ja rakastaessamme toisiamme Pyhän Hengen avulla, myös Jumala näyttää meille myötätuntonsa ja armonsa ja parantamisen työnsä.

3. Sinun tulee katua, jos olet rukoillut ahneudella.

Jeesuksen parantaessa mykän hengen täyttämän pojan, hänen opetuslapsensa kysyivät häneltä, *"Miksi emme me voineet ajaa sitä ulos?"* (Markuksen evankeliumi 9:28) Jeesus vastasi, *"Tätä lajia ei saa lähtemään ulos muulla kuin rukouksella ja paastolla"* (Markuksen evankeliumi 9:29).

Tietynlaisen parantumisen saamiseksi, on tarjottava myös rukoilua ja anomista. Kuitenkaan oman edun rukouksiin ei vastata, koska ne eivät miellytä Jumalaa. Jumala on määrännyt meitä, *"Söittepä siis tai joitte tai teittepä mitä hyvänsä, tehkää kaikki Jumalan kunniaksi"* (Paavalin 1. kirje korinttolaisille

10:31). Sen vuoksi, opintojemme tarkoitus ja kuuluisuuden tai vallan saavuttaminen tulee kaikki olla Jumalan ylistykseksi. Jaakobin kirjeestä 4:2-3 löydämme *"Te himoitsette, eikä teillä kuitenkaan ole; te tapatte ja kiivailette, ettekä voi saavuttaa; te riitelette ja taistelette. Teillä ei ole, sentähden ettette ano. Te anotte, ettekä saa, sentähden että anotte kelvottomasti, kuluttaaksenne sen himoissanne."*

Parantumisen pyytäminen terveen elämän viettämiseksi on Jumalan kunniaksi; tulet saamaan vastauksen, kun pyydät sitä. Kuitenkin, ellet saa pyytämääsi parantumista, tämä tapahtuu, koska saatat etsiä jotain, joka ei ole oikein totuudessa, vaikkakin Jumala haluaa antaa sinulle monta kertaa suurempia asioita.

Millaisesta rukouksesta Jumala ilahtuu? Kuten Jeesus kertoo Matteuksen evankeliumissa 6:33, *"Vaan etsikää ensin Jumalan valtakuntaa ja Hänen vanhurskauttansa, niin myös kaikki tämä teille annetaan,"* ruuasta, vaatteista ja vastaavasta murehtimisen sijaan, meidän täytyy ensin miellyttää Jumalaa, tarjoamalla rukouksia Hänen valtakunnalleen ja vanhurskaudelleen ja evankelioinnille ja synnistä puhdistautumiselle. Vasta sitten Jumala vastaa sydämesi haluihin ja antaa täyden paranemisen sairaudestasi.

4. Sinun tulee katua, jos olet rukoillut epävarmuudessa.

Jumala on mielissään rukouksesta, jossa näkyy usko. Kuten

löydämme kirjeestä hebrealaisille 11:6, *"Mutta ilman uskoa on mahdoton olla otollinen; sillä sen, joka Jumalan tykö tulee, täytyy uskoa, että Jumala on ja että hän palkitsee ne, jotka häntä etsivät."* Samalla tavoin Jaakobin kirje 1:6-7 muistuttaa meitä, *"Mutta anokoon uskossa, ollenkaan epäilemättä; sillä joka epäilee, on meren aallon kaltainen, jota tuuli ajaa ja heittelee. Älköön sellainen ihminen luulko Herralta mitään saavansa."*

Epävarmuudessa tarjotut rukoukset osoittavat epäuskoa kaikkivaltiaaseen Jumalaan, alentavat Hänen valtaansa ja tekevät Hänestä epäpätevän Jumalan. Sinun tulee välittömästi katua, ottaa esi-isiesi usko, ja rukoilla uutterasti ja runsaasti omataksesi uskon, johon voit uskoa koko sydämestäsi.

Raamatusta löydämme lukuisia kohtia, joissa Jeesus rakasti heitä, jotka omasivat lujan uskon, valitsi heidät työntekijöikseen, ja suoritti pappeutensa heidän kauttaan ja kanssaan. Ihmisten ollessa kykenemättömiä osoittamaan uskonsa, Jeesus moitti jopa opetuslapsiaan heidän vähäisestä uskostaan (Matteuksen evankeliumi 8:23-27), mutta ylisti ja rakasti heitä, joilla oli suuri usko, vaikka he olisivat pakanoita (Matteus 8:10).

Kuinka rukoilet ja millainen usko sinulla on?

Matteuksen evankeliumissa 8:5-13 sadanpäämies tuli Jeesuksen luo ja pyysi häntä parantamaan yhden palvelijoistaan, joka makasi kotona halvaantuneena ja kovissa tuskissa. Jeesuksen sanoessa sadanpäämiehelle, *"Minä tulen ja parannan hänet"* (säe. 7) sadanpäämies vastasi, *"Herra, en minä ole sen arvoinen, että tulisit minun kattoni alle, vaan sano ainoastaan sana, niin minun palvelijani paranee"* (säe. 8) ja osoitti Jeesukselle suuren uskonsa. Kuullessaan sadanpäämiehen näin sanovan, Jeesus oli mielissään ja ylisti häntä. *"En ole kenelläkään Israelissa löytänyt näin suurta uskoa"* (säe. 10). Sadanpäämiehen palvelija parani samalla hetkellä.

Markuksen evankeliumissa 5:21-43 kirjoitetaan hämmästyttävästä parantamistyöstä. Jeesuksen ollessa meren äärellä, yksi synagogan johtajista, nimeltään Jairus, tuli hänen luokseen ja polvistui hänen eteensä. Jairus anoi Jeesusta. *"Pieni tyttäreni on kuolemaisillaan; tule ja pane kätesi hänen päällensä, että hän tulisi terveeksi ja jäisi eloon."* (säe. 23) Jeesuksen mennessä Jairuksen mukana, verenvuotoa kaksitoista vuotta sairastanut nainen ´tuli hänen luokseen. Hän oli kärsinyt paljon monen eri lääkärin hoidossa ja oli käyttänyt kaikki rahansa, mutta sen sijaan, että olisi tullut paremmaksi, hän tuli huonommaksi.

Nainen oli kuullut Jeesuksen olevan lähettyvillä ja keskellä Jeesusta seuraavaa kansanjoukkoa, lähestyi häntä ja kosketti hänen vaatteitaan. Koska tämä nainen uskoi, *"Kunhan vain saan koskettaa edes hänen vaatteitaan, niin tulen terveeksi"* (säe. 28), naisen pannessa kätensä Jeesuksen vaatteille, hänen verensä lähde kuivui välittömästi ja hän tunsi ruumiissansa, että oli parantunut vaivastaan. Ja heti kun Jeesus itsessään tunsi, että voimaa oli hänestä lähtenyt, kääntyi hän väkijoukossa ja sanoi,

"Kuka koski minun vaatteisiini?" (säe. 30). Naisen tunnustaessa totuuden, Jeesus sanoi naiselle, *"Tyttäreni, sinun uskosi on tehnyt sinut terveeksi, mene rauhaan ja ole terve vaivastasi"* (säe. 34). Hän antoi naiselle pelastuksen ja terveyden siunauksen. Tällöin, ihmisiä Jairuksen talosta tuli paikalle ja he ilmoittivat, *"Tyttäresi on kuollut"* (säe. 35). Jeesus vakuutti Jairusta sanoen, *"Älä pelkää, vaan usko"* (säe. 36), ja jatkoi matkaansa Jairuksen talolle. Siellä Jeesus sanoi ihmisille, *"Lapsi ei ole kuollut, vaan nukkuu"* (säe. 39) ja sanoi tytölle, *"'Talitha koum!' (joka tarkoittaa 'Tyttö, minä sanon sinulle, nouse!')"* (säe. 41). Tyttö nousi heti ja käveli.

Usko, että pyytäessäsi uskossa, jopa vakava sairaus voidaan parantaa ja kuolleet voidaan herättää. Jos olet tähän asti rukoillut epävarmana, ota vastaan parantuminen ja ole vahva katumaan tätä syntiä.

5. Sinun tulee katua tottelemattomuuttasi Jumalan käskyjä kohtaan

Johanneksen evankeliumissa 14:21, Jeesus kertoo meille, *"Jolla on minun käskyni ja joka ne pitää, hän on se, joka minua rakastaa, häntä minun isäni rakastaa, ja minä rakastan Häntä ja ilmoitan itseni Hänelle."* 1. Johanneksen kirjeessä 3:21-22 meitä myös muistutetaan, *"Rakkaani, jos sydämemme ei syytä meitä, niin meillä on uskallus Jumalaan, ja mitä ikinä anomme, sen me Häneltä saamme, koska pidämme*

Hänen käskynsä ja teemme sitä, mikä on Hänelle otollista"
Syntinen ei voi olla luottavainen Jumalan edessä. Kuitenkin, jos
sydämemme ovat kunniakkaat ja viattomat mitattuna totuuden
sanaa vasten, voimme pyytää Jumalalta mitä tahansa.
Sen vuoksi, Jumalaan uskovana, sinun tulee oppia
ja ymmärtää kymmenen käskyä, jotka toimivat
kuudenkymmenenkuuden raamatun kirjan yhteenvetona ja
havaita, kuinka paljon elämässäsi on ollut niitä vastaan.

I. Onko minulla ollut sydämessäni koskaan muita jumalia,
ennen Jumalaa?

II. Olenko koskaan tehnyt epäjumalankuvia omaisuudestani,
lapsistani, terveydestä, liiketoimista ja vastaavista ja palvonut
niitä?

III. Olenko koskaan lausunut turhaan Jumalan nimeä?

IV. Olenko aina pyhittänyt lepopäivän?

V. Olenko aina kunnioittanut vanhempiani?

VI. Olenko koskaan syyllistynyt fyysiseen tai hengelliseen
murhaan vihaamalla veljiäni ja siskojani tai aiheuttanut heidän
tekevän syntiä?

VII. Olenko koskaan syyllistynyt huorintekoon, edes ajatuksissani?

VIII. Olenko koskaan varastanut?

IX. Olenko koskaan antanut väärää todistusta lähimmäisistäni?

X. Olenko koskaan himoinnut lähimmäisteni omaisuutta?

Sen lisäksi sinun tulee myös katsoa taaksepäin, oletko pitänyt Jumalan käskyn, rakastaa lähimmäistäsi, niin kuin kuin rakastat itseäsi. Kun tottelet Jumalan käskyjä ja pyydät Häneltä, Jumalan voima parantaa minkä tahansa ja kaikki sairaudet.

6. Sinun täytyy katua, ettet ole kylvänyt Jumalassa

Koska Jumala hallitsee maailmankaikkeutta, Hän on asettanut joukon hengellisen valtakunnan lakeja ja vanhurskaana tuomarina johtaa ja hallitsee kaikkea.

Danielissa 6, kuningas Darius laitettiin vaikeaan asemaan, jossa hän ei voinut pelastaa rakasta palvelijaansa Danielia leijonien kidasta, vaikka hän oli kuningas. Koska hän oli itse kirjoittanut määräyksen, Darius ei voinut olla tottelematta lakia, jonka hän oli itse asettanut. Jos kuningas olisi itse ollut ensimmäinen kiertämään ja jättämättä noudattamatta lakia, kuka voisi ottaa hänet huomioon ja palvella häntä.? Tämän vuoksi, vaikka hänen rakastettua palvelijaansa Danielia oltiin heittämässä leijonien luolaan pahojen miehien juonien toimesta, Darius ei voinut tehdä mitään.

Samalla tavoin, Jumala ei taivuta määräyksiä ja ole tottelematta lakeja, jotka Hän itse on asettanut, maailmankaikkeus toimii Hänen valtansa tarkassa määräyksessä. Tämä on miksi, *"Älkää eksykö, Jumala ei salli itseänsä pilkata; sillä mitä ihminen kylvää, sitä hän myös niittää"* (Paavalin kirje galatalaisille 6:7).

Niin paljon kuin kylvät rukouksessa, niin paljon saat vastauksia ja kasvat hengellisesti ja sisäinen olemuksesi vahvistuu ja henkesi uudistuu. Jos olet ollut sairas tai sinulla on ollut vaivoja, mutta nyt kylvät aikaasi rakkaudessasi Jumalaan osallistumalla uutterasti jumalanpalveluksiin, tulet saamaan terveyden siunauksen ja varmuudella tunnet kehosi muuttuvan. Jos kylvät hyvinvointia Jumalassa, Hän suojelee ja vartioi sinua koettelemuksilta ja antaa sinulle paremman terveyden siunauksen.

Ymmärtämällä, kuinka tärkeää on kylvää Jumalassa, heittäen pois toivon tätä maailmaa varten, joka on mädäntyvä ja katoava, ja sen sijaan aloittaen todellisessa uskossa keräämään palkintoasi taivaassa, Jumala tulee johtamaan sinut kaikkina aikoina terveeseen elämään.

Jumalan sanassa olemme tähän mennessä tutkineet, mikä

on tullut seinäksi Jumalan ja ihmisen välille ja miksi me elämme sairauden kärsimyksessä. Ellet ole uskonut Jumalaan ja olet kärsinyt sairaudesta, hyväksy Jeesus pelastajanasi ja aloita elämä Kristuksessa. Älä pelkää heitä, jotka voivat tappaa lihan. Sen sijaan, pelkäämällä sitä, joka voi tuomita lihan ja hengen helvettiin, pidä huoli uskostasi pelastuksen Jumalaan vanhempiesi, jälkeläistesi, puolisosi, ja muiden vainolta. Jumalan todetessa uskosi, Hän tulee toimimaan ja saat parantumisen armon.

Jos olet uskova, mutta kärsit sairaudesta, katso itseäsi taaksepäin nähdäksesi, onko siellä jäänteitä sellaisesta pahasta, kuin vihasta, mustasukkaisuudesta, kateudesta, epäoikeudenmukaisuudesta, saastasta, ahneudesta, itsekkäistä syistä, murhasta, riidasta, juoruista, panettelusta, ylpeydestä ja muusta vastaavasta. Rukoilemalla Jumalaa ja saamalla anteeksiannon Hänen myötätunnossaan ja armossaan, saat myös vastauksen sairautesi ongelmaan.

Monet ihmiset yrittävät tinkiä Jumalan kanssa. He sanovat, että jos Jumala ensin parantaa heidän sairautensa ja vaivansa, he tulevat uskomaan Jeesukseen ja seuraamaan häntä hyvin. Kuitenkin, koska Jumala tuntee jokaisen ihmisen sydämen, vain vasta hengellisen puhdistautumisen jälkeen Hän parantaa jokaisen heistä heidän fyysisistä sairauksistaan.

Ymmärtämällä ihmisten ja Jumalan ajatusten olevan erilaiset, totelkaa ensin Jumalan tahtoa, niin että henkenne tulee hyvin toimeen Jumalan kanssa saadessanne sairautenne parantumisen siunauksen. Herramme nimeen, tätä minä rukoilen!

Kappale 3

Parantava Jumala

2. Mooseksen kirja 15:26

[Jumala] sanoi, "Jos sinä kuulet Herraa, Jumalaasi, ja teet, mikä on oikein Hänen silmissänsä, tarkkaat Hänen käskyjänsä ja noudatat kaikkea Hänen takiansa, niin minä en pane sinun kärsittäväksesi yhtäkään niistä vaivoista, jotka olen pannut egyptiläisten kärsittäviksi, sillä minä olen Herra, sinun parantajasi"

Miksi ihminen sairastuu?

Vaikka parantava Jumala tahtoo kaikkien lastensa elävän terveenä, monet heistä kärsivät sairauden tuskista kykenemättöminä ratkaisemaan sairauden ongelmaa. Samoin kuin on olemassa syy jokaiselle seuraukselle, on olemassa syy myös jokaiselle sairaudelle. Koska jokainen sairaus voidaan parantaa heti, kun sen syy on määritelty, kaikkien niiden, jotka toivovat saavansa parannuksen, täytyy ensin määritellä sairauksiensa syy. Lukemalla Jumalan sanaa 2. Mooseksen kirjasta 15:26 voimme paneutua sairauden syyhyn ja keinoihin, miten voimme päästä eroon sairaudesta ja elää terveenä.

"Herra" on yksinomaan Jumalalle annettu nimi ja tarkoittaa *"MINÄ OLEN SE, JOKA MINÄ OLEN"* (2. Mooseksen kirja 3:14). Nimi myös tarkoittaa kaikkien muiden olevan palvotuimman Jumalan vallan alla. Siitä tavasta, miten Jumala viittasi itseensä *"HERRANA, joka parantaa sinut"* (2. Mooseksen kirja 15:26), opimme Jumalan rakkaudesta, joka vapauttaa meidät sairauden kivusta ja Jumalan sairaudet parantavasta voimasta.

2. Mooseksen kirjassa 15:26 Jumala lupasi meille, *"Jos sinä kuulet Herraa, Jumalaasi, ja teet, mikä on oikein Hänen silmissänsä, tarkkaat Hänen käskyjänsä ja noudatat kaikkea Hänen takiansa, niin minä en pane sinun kärsittäväksesi yhtäkään niistä vaivoista, jotka olen pannut egyptiläisten kärsittäviksi, sillä minä olen Herra, sinun parantajasi."*

Täten, jos olet sairastunut, se toimii todisteena, ettet ole huolella kuunnellut Hänen ääntään, tehnyt, mikä on oikein Hänen silmissään, ja ottanut huomioon Hänen käskyjään.

Koska Jumalan lapset ovat taivaan kansalaisia, heidän täytyy noudattaa taivaan lakeja. Kuitenkin, jos taivaan kansalaiset eivät noudata sen lakeja, Jumala ei voi suojella heitä, sillä synti on laittomuutta (1. Johanneksen kirje 3:4). Sitten, sairauden voimat pääsevät työhönsä, jättäen tottelemattomat Jumalan lapset sairauden kärsimykseen.

Tutkikaamme yksityiskohtaisesti tapoja, joilla voimme sairastua, sairauden syytä, ja kuinka parantavan Jumalan voima voi parantaa sairaudesta kärsivät.

Tilanne, missä sairastuu syntiensä seurauksena

Läpi koko raamatun Jumala kertoo meille yhä uudestaan sairauden syyn olevan synti. Johanneksen evankeliumi 5:14 sanoo, *"Senjälkeen Jeesus tapasi hänet [miehen, jonka oli parantanut aiemmin] pyhäkössä ja sanoi hänelle, 'Katso, sinä olet tullut terveeksi; älä enää syntiä tee, ettei sinulle jotain pahempaa tapahtuisi.'"* Tämä säe muistuttaa meitä siitä, että mikäli ihminen tekee syntiä, hän voi sairastua vielä aikaisempaa vakavampaan sairauteen, ja että tekemällä syntiä ihmiset sairastuvat.

5. Mooseksen kirjassa 7:12-15, Jumala lupasi meille *"Jos te*

tottelette näitä säädöksiä, noudatatte ja seuraatte niitä, niin Herra, sinun Jumalasi, pitää liittonsa ja on laupias sinulle, niinkuin Hän valalla vannoen on sinun isillesi luvannut. Hän rakastaa sinua, siunaa sinua ja antaa sinun lisääntyä; Hän siunaa sinun kohtusi hedelmän ja maasi hedelmän, siunaa sinun viljasi, viinisi ja öljysi, sinun raavaittesi vasikat ja lampaittesi karitsat siinä maassa, jonka hän isillesi vannotulla valalla on luvannut antaa sinulle. Siunattu olet sinä oleva yli kaikkien muitten kansojen; hedelmätöntä miestä tai naista ei ole sinun keskuudessasi oleva, ei myöskään sinun karjassasi yhtään hedelmätöntä. HERRA on poistava sinusta kaikki sairaudet; ei ainoatakaan Egyptin kovista taudeista, jotka sinä tunnet, hän ole paneva sinun kärsittäväksesi, vaan hän antaa niiden tulla kaikkiin niihin, jotka sinua vihaavat." Niissä, jotka vihaavat on pahuus ja synti, ja sairaus tulee sellaisiin ihmisiin.

5. Mooseksen kirjassa 28, yleisesti tunnettu "Siunauksen kappaleena," Jumala kertoo meille millaisia siunauksia saamme, kun täysin tottelemme Jumalaamme ja huolellisesti seuraamme kaikkia Hänen käskyjään. Hän myös kertoo millaisia ovat meille langetetut kiroukset, jotka ottavat meidät valtaansa, jos emme tarkasti seuraa kaikkia Hänen määräyksiään ja säädöksiään.

Erityisesti on mainittu yksityiskohtaisesti millaisiin tauteihin olemme alttiina, jos olemme Jumalalle tottelemattomia. Ne ovat rutto, hivutustauti, kuume, tulehdus, polte, kuivuus, nokitähkät, ja home, "Egyptin paiseet... kasvannaiset, ajokset; ja kutina, josta et voi parantua" hulluus, sokeus, mielenhäiriöt ilman pelastajaa;

ja säryt polvissa ja jaloissa kivuliaiden paiseiden kera, joita ei voi parantaa, leviten jalkapohjista päälaelle (5. Mooseksen kirja 28:21-35).

Ymmärtämällä oikein sairauden syyn olevan synti, jos olet sairastunut, sinun täytyy ensin katua, ettet ole elänyt Jumalan sanan mukaan ja saada anteeksianto. Saadessasi parannuksen, elämällä sanan mukaan, sinun ei tule enää koskaan tehdä syntiä.

Tilanne, missä sairastuu, vaikka ajattelee, ettei ole tehnyt syntiä

Jotkut ihmiset sanovat sairastuneensa, vaikkeivat ole tehneet syntiä. Kuitenkin Jumalan sana kertoo meille, että jos teemme, mikä on Jumalan silmissä oikein, jos noudatamme Hänen määräyksiään ja säädöksiään, Jumala ei langeta meille mitään tauteja. Jos sairastumme, meidän tulee hyväksyä, ettemme ole matkan varrella tehneet, mikä on oikein Hänen silmissään ja noudattaneet Hänen säädöksiään.

Mikä sitten on sairauksia aiheuttavaa syntiä?

Jos joku, jolla on terve Jumalan antama ruumis, ilman itsekuria tai moraalittomasti jätti noudattamatta Hänen käskyjään, syyllistyi erheisiin, tai vietti elämää epäjärjestyksessä, asettaa itsensä suurempaan vaaraan sairastua. Tähän sairauden ryhmään kuuluvat myös ruoansulatushäiriöt liiallisesta, tai epäsäännöllisestä syömisestä, maksasairaudet jatkuvasta tupakoinnista ja juomisesta ja monet muut ruumiin väärinkäyttämisestä aiheutuvat sairaudet.

Tämä ei kenties ole ollut ihmisen mielestä syntiä, mutta on sitä Jumalan silmissä. Ylenmääräinen syöminen on syntiä, sillä se osoittaa ahneutta ja kykenemättömyyttä harjoittaa itsekuria. Jos sairastuu epäsäännöllisestä syömisestä, hänen syntinsä ei ole epäsäännöllisen elämän viettäminen, tai säännöllisten ruoka-aikojen noudattamatta jättäminen, vaan ruumiinsa väärinkäyttö ilman itsekuria. Jos sairastuu syötyään nopeasti valmistettua ruokaa, hänen syntinsä on kärsimättömyys – ei totuuden mukaan tekeminen.

Jos joku käytti veistä varomattomasti, viilsi itseänsä ja haava ajettuu, myös se on synnin seurausta. Jos hän todella rakastaisi Jumalaa, Hän olisi suojellut sellaista ihmistä kaikkina aikoina onnettomuuksilta. Vaikka hän olisi syyllistynyt erheeseen, Jumala olisi antanut keinon pois tilanteesta, ja koska Hän työskentelee niiden ihmisten hyväksi, jotka Häntä rakastavat, ruumis ei olisi haavautunut. Haavoja ja loukkaantumisia oli aiheutunut, koska hän oli toiminut nopeasti, eikä hyveellisellä tavalla, jotka molemmat eivät ole oikein Jumalan silmissä, täten tehden toiminnastaan synnillistä.

Sama sääntö pätee tupakanpolttoon ja juomiseen. Jos on tietoinen tupakanpolton vaikuttavan mieleen, vahingoittavan keuhkoja ja aiheuttavan syöpää, eikä siitä huolimatta kykene lopettamaan ja jos on tietoinen alkoholin myrkyllisyyden vahingoittavan suolistoa ja rapistuttavan elimiä, eikä siitä huolimatta lopeta, ne ovat synnillisiä tekoja. Se osoittaa itsekurin puutetta ja ahneutta, rakkaudettomuutta kehoonsa ja tottelemattomuutta Jumalan tahtoon. Kuinka nämä eivät voisi olla synnillisiä?

Vaikka emme olisi olleet varmoja, ovatko kaikki sairaudet synnin seurausta, voimme nyt olla varmoja siitä tutkittuamme monia eri tapauksia ja mitattuamme niitä jumalan sanaa vasten. Meidän tulee aina noudattaa Hänen sanaansa ja elää sen mukaisesti niin, että tulemme vapautetuiksi sairauksista. Toisin sanoen, tehdessämme, mikä on Hänen silmissään oikein, huomioimalla Hänen määräyksensä ja pitämällä kiinni Hänen säädöksistään, Hän suojaa ja varjelee meitä sairauksilta kaikkina aikoina.

Neuroosien ja muiden mielenhäiriöiden aiheuttamat sairaudet

Tilastot kertovat neuroosista ja muista mielenterveyshäiriöistä kärsivien ihmisten lukumäärän olevan kasvussa. Jos ihmiset ovat kärsivällisiä, kuten Jumalan sana heitä kehottaa, jos he antavat anteeksi ja ymmärtävät totuuden mukaisesti, he olisivat vapaita sellaisista sairauksista. Kuitenkin, heidän sydämissään on vielä jäljellä pahuutta ja pahuus kieltää heitä elämästä sanan mukaan. Henkinen kärsimys raunioittaa muita kehon osia ja immuunijärjestelmää, johtaen lopulta sairauteen. Eläessämme sanan mukaan, tunteemme eivät häiriydy, emme tule pahantuulisiksi, eikä mielemme tule vihalla lietsotuksi.

Ympärillämme on niitä, jotka eivät vaikuta pahoilta, vaan hyviltä, mutta kuitenkin kärsivät tällaisista vaivoista. Koska he pidättäytyvät osoittamasta vieläpä tavallisia ilmeitä tai tunteita, he kärsivät paljon vakavammasta sairaudesta kuin ne, jotka näyttävät vihansa ja raivonsa. Hyvyys totuudessa ei ole kärsimystä keskenään ristiriitaisten tunteiden konfliktissa; se on sen sijaan toistensa ymmärtämistä anteeksiannossa ja rakkaudessa ja lohduttautumista itsekurissa ja kestävyydessä.

Lisäksi, ihmisten tehdessä tietoisesti syntiä, he joutuvat kärsimään mielenterveyshäiriöistä johtuen henkisestä kärsimyksestä ja tuhosta. Sillä he eivät toimi hyvyydestä, vaan putoavat syvemmälle pahuuteen, heidän henkisen kärsimyksensä luodessa sairauden. Meidän tulee tietää neuroosin ja muiden mielenterveyshäiriöiden olevan omilla tyhmillä ja pahoilla tavoillamme itsemme aiheuttamia. Jopa sellaisessa tapauksessa, rakkauden Jumala parantaa kaikki ne, jotka Häntä etsivät ja toivovat saavansa Häneltä parannuksen. Lisäksi, Hän antaa heille myös toivoa taivaasta ja sallii heidän asuvan todellisessa onnessa ja mukavuudessa.

Paholaisen aiheuttamat sairaudet ovat myös synnin tähden

Jotkut ihmiset ovat saatanan vallassa ja kärsivät kaikista paholaisen heidän päälleen heittämistä taudeista. Näin on, koska he ovat hylänneet Jumalan tahdon ja menneet pois totuudesta. Syy siihen, miksi niin suuri joukko ihmisiä, jotka ovat sairaita, fyysisesti vajavaisia, ja paholaisen riivaamia, on perheissä, jotka ovat palvoneet kovasti epäjumalankuvia, on se, että Jumala vihaa esikuvien palvontaa.

2. Mooseksen kirjasta 20:5-6 löydämme, *"Älä kumarra niitä äläkä palvele niitä; sillä minä HERRA, sinun Jumalasi, olen kiivas Jumala, joka kostan isien pahat teot lapsille kolmanteen ja neljänteen polveen niille, jotka minua vihaavat, mutta teen laupeuden tuhansille, jotka minua rakastavat ja pitävät minun käskyni."* Hän antoi meille erityisen käskyn, kieltäen meitä palvomasta epäjumalankuvia. Kymmenestä Hänen meille antamastaan käskystä, kahdesta ensimmäisestä käskystä – *"Älä pidä muita Jumalia minun rinnallani"* (säe. 3) ja *"Älä tee itsellesi jumalankuvaa äläkä mitään kuvaa, älä niistä, jotka ovat ylhäällä taivaassa, älä niistä, jotka ovat alhaalla maan päällä, äläkä niistä, jotka ovat vesissä maan alla."* (säe. 4) – voimme helposti nähdä, kuinka paljon Jumala inhoaa kuvienpalvontaa.

Jos vanhemmat eivät tottele Jumalan tahtoa ja palvovat epäjumalankuvia, heidän lapsensa luonnollisesti seuraavat heitä.

Jos vanhemmat eivät tottele Jumalan tahtoa ja tekevät pahuutta, heidän lapsensa luonnollisesti seuraavat heitä ja tekevät pahoja tekoja. Tottelemattomuuden saavuttaessa kolmannen ja neljännen sukupolven, synnin palkkana heidän jälkeläisensä kärsivät paholaisen heihin langettamista taudeista. Vaikka vanhemmat olisivat palvoneet epäjumalankuvia, mutta jos heidän lapsensa hyvästä sydämestään palvovat Jumalaa, Hän näyttää rakkautensa ja armonsa ja siunaa heitä. Vaikka ihmiset parhaillaan kärsisivät paholaisen langettamista taudeista luovuttuaan Jumalan tahdosta ja hylättyään totuuden, heidän katuessaan ja kääntyessään pois synnistä, parantava Jumala tulee puhdistamaan heidät. Toiset Hän parantaa välittömästi, toiset Hän parantaa vähän myöhemmin; ja toiset Hän tulee parantamaan heidän uskonsa kasvun perusteella. Parantamisen työ tapahtuu Jumalan tahdon mukaisesti. Jos ihmisillä on Hänen silmissään muuttumattomat sydämet, heidät parannetaan heti, kuitenkin, jos heidän sydämensä ovat viekkaat, heidät parannetaan myöhemmin.

Pysymme terveinä eläessämme uskossa

Koska Mooses oli nöyrempi, kuin kukaan muu maan päällä (4. Mooseksen kirja 12:3) ja oli uskollinen Jumalan talolle, hänet katsottiin luotettavaksi Jumalan palvelijaksi (4. Mooseksen kirja 12:7). Raamattu kertoo meille myös, että Mooseksen kuollessa sadankahdenkymmenen vuoden iässä, hänen silmänsä eivät olleet heikot, eivätkä hänen voimansa olleet kadonneet (5. Mooseksen kirja 34:7). Koska Aabraham oli mies, joka totteli uskossa ja palvoi Jumalaa, hän eli 175 vuoden ikään (1. Mooseksen kirja 25:7). Daniel oli terve, vaikka hän söi vain vihanneksia (Daniel 1:12-16), kun taas Johannes Kastaja oli roteva, vaikka hän söi vain heinäsirkkoja ja villihunajaa (Matteuksen evankeliumi 3:4).

Joku saattaa ihmetellä, kuinka ihmiset saattoivat säilyä terveinä syömättä lihaa. Kuitenkin, Jumalan luodessa ihmisen, Hän pyysi ihmistä syömään vain hedelmiä. 1. Mooseksen kirjassa 2.16-17 Jumala sanoo ihmiselle, *"Syö vapaasti kaikista muista paratiisin puista, mutta hyvän ja pahan tiedon puusta älä syö, sillä sinä päivänä, jona sinä siitä syöt, pitää sinun kuolemalla kuoleman."* Aatamin tottelemattomuuden jälkeen, Jumala antoi hänen syödä vain kasveja pellolta (1. Mooseksen kirja 3:18), ja koska synti kasvoi tässä maailmassa, tulvan tuomion jälkeen Jumala kertoi Noakille 1. Mooseksen kirjassa 9:3, *"Kaikki, mikä liikkuu ja elää, olkoon teille ravinnoksi; niinkuin minä olen antanut teille viheriäiset kasvit, niin minä annan teille myös tämän kaiken."* Ihmisen tullessa vähitellen pahaksi, Jumala salli heidän syödä lihaa, muttei mitään "saastaista" ruokaa (3. Mooseksen kirja 11; 5. Mooseksen kirja 14).

Uuden testamentin aikoina Jumala kertoi meille Apostolien teoissa 15:29, *"Karttakaa epäjumalille uhrattua ja verta ja lihaa, josta ei ole veri laskettu, ja haureutta, jos te näitä vältätte, niin teidän käy hyvin."* Hän salli meidän syödä lihaa, joka on terveydellemme edullista ja neuvoi meitä välttämään meille vahingollista ruokaa; meille olisi vielä parempi olla syömättä ja juomatta mitään ruokaa, mikä ei miellytä Jumalaa. Niin paljon kuin seuraamme Jumalan tahtoa ja elämme totuudessa, niin paljon kehomme tulevat vahvemmiksi, sairaudet jättävät meidät, eivätkä muut vaivat hyökkää kimppuumme.

Sen lisäksi, emme sairastu eläessämme uskon vanhurskaudessa, koska kaksi tuhatta vuotta sitten, Jeesus Kristus tuli tähän maailmaan ja kantoi kaikki meidän raskaat ikeemme. Koska uskomme, että vuodattamalla vertaan, Jeesus lunasti meidät synneistämme ja hänen ruoskimisellaan ja ottamalla meidän heikkoutemme (Matteuksen evankeliumi 8:17) me olemme parannetut ja se tehdään uskomme perusteella (Jesaja 53:5-6; 1. Pietarin kirje 2:24).

Ennen kuin tapasimme Jumalan, meillä ei ollut uskoa. Elimme synnillisen luonteemme halujen mukaan ja kärsimme kaikenlaisista taudeista syntiemme seurauksena. Eläessämme uskossa ja tehdessämme kaiken vanhurskaudessa, meitä siunataan fyysisellä terveydellä.

Terve sielu terveessä ruumiissa. asuessamme vanhurskaudessa ja toimiessamme Jumalan sanan mukaan, kehomme täyttyvät Pyhästä Hengestä. Sairaudet jättävät meidät ja kehojemme saadessa fyysisen terveyden, sairaudet eivät pesiydy meihin. Kehojemme ollessa rauhassa, tuntuessa kevyiltä ja terveiltä, emme halua mitään, vaan olemme ainoastaan kiitollisia Jumalan antamasta terveydestä.

Toimikaa vanhurskaudessa ja uskossa, niin että henkenne tulee hyvin toimeen, ja tulette parannetuksi kaikista sairauksista ja vaivoistanne ja saatte terveyden! Saakaa myös Jumalan ylitsevuotava rakkaus totellessanne häntä ja eläessänne Hänen sanansa mukaan – kaikkea tätä minä rukoilen Herramme nimessä!

Kappale 4

Hänen ruoskimisellaan me olemme parannetut

Jesaja 53:4-5

"Mutta totisesti, meidän sairautemme hän kantoi, meidän kipumme hän sälytti päällensä. Me pidämme häntä rangaistuna, Jumalan lyömänä ja vaivaamana, mutta hän on haavoitettu meidän rikkomustemme tähden, runneltu meidän pahain tekojemme tähden.

Rangaistus oli hänen päällänsä, että meillä olisi rauha, ja hänen haavainsa kautta me olemme parannetut."

Jumalan poikana Jeesus paransi kaikki sairaudet

Ihmisten toimiessa elämänsä suunnan mukaisesti he kokevat joukon erilaisia ongelmia. Samoin kuin meri ei ole aina tyyni, elämän merellä on monia ongelmia syntyisin kotoa, työstä, liiketoiminnasta, sairauksista, terveydestä ja muusta vastaavasta. Ei ole liioittelua todeta tärkeimmän näistä elämän ongelmista olevan sairaudet.

Riippumatta siitä, kuinka paljon vaurautta ja tietoa yksittäisellä ihmisellä on, jos hän sairastuu vakavaan tautiin, kaikki, minkä vuoksi hän on työskennellyt koko hänen elämänsä, ei ole muuta kuin kupla. Yhtäältä, samalla kun ihmisten taloudellinen hyvinvointi kasvaa, kasvaa myös ihmisen halu terveyteen. Toisaalta, riippumatta siitä, kuinka pitkälle tiede ja lääketiede ovat edistyneet, uusia ja harvinaisia sairauksia – joista ihmisen tieto on olematonta – löydetään jatkuvasti ja niistä kärsivien ihmisten määrä on tasaisesti kasvamassa. Kenties juuri tämän vuoksi yhä suurempi paino pannaan tänä päivänä terveyteen.

Kärsimykset, sairaudet ja kuolema – kaikki johtuen synnistä – ilmentävät ihmisen rajoja. Kuten Hän oli tehnyt vanhan testamentin aikoina, parantava Jumala näyttää meille tänä päivänä tavan, miten Häneen uskovat ihmiset voivat parantua kaikista sairauksista uskollaan Jeesukseen Kristukseen. Tutkikaamme raamattua ja katsokaamme, miksi saamme vastauksia sairauden ongelmaan ja vietämme tervettä elämää uskomalla Jeesukseen Kristukseen.

Jeesuksen kysyessä opetuslapsiltaan, "Kenenkä te sanotte minun olevan?" Simon Pietari vastasi, "Sinä olet Kristus, elävän Jumalan Poika" (Matteuksen evankeliumi 16:15-16). Tämä vastaus kuulostaa jokseenkin yksinkertaiselta, mutta se paljastaa selkeästi vain Jeesuksen olevan Kristus.

Hänen aikanaan, suuri kansanjoukko seurasi Jeesusta, koska Hän paransi välittömästi sairaita ihmisiä. Nämä sisälsivät riivattuja, epileptikkoja, halvaantuneita ja monia muita kaikenlaisista sairauksista kärsiviä. Spitaalisten, kuumesairaiden, raajarikkojen, sokeiden, ja muiden tultua parannetuiksi Jeesuksen kosketuksella, he alkoivat seurata ja palvella Häntä. Kuinka ihana tämä näky onkaan ollut? Todistaessaan sellaisia ihmeitä ihmiset uskoivat Jeesukseen ja hyväksyivät Hänet, saivat vastauksia elämän ongelmiin ja sairaat kokivat parantamisen työn. Lisäksi, samoin kuin Jeesus aikanaan paransi ihmisiä, kuka tahansa Jeesuksen eteen tuleva voi myös saada parannuksen tänään.

Lähes toimintakyvytön rampa ihminen osallistui perjantain läpi yön jumalanpalvelukseen pian perustettuani kirkkoni. Auto-onnettomuuden jälkeen mies oli saanut terapiaa sairaalassa pitkän aikaa. Kuitenkin, koska jänteet hänen polvissaan olivat venyneet, hän ei voinut taivuttaa polviaan, ja koska hänen pohkeensa ei liikkunut, hänen oli mahdotonta kävellä. Hänen kuunnellessaan saarnan sanoja, hän halusi hyväksyä Jeesuksen Kristuksen ja parantua. Rukoillessani vakavasti miehen puolesta, hän nousi ylös välittömästi ja alkoi kävellä ja juosta. Tapahtui Jumalan ihmeteko, samoin kuin rammalle miehelle, nimeltään Beautiful, temppelin portin lähellä, joka nousi jaloilleen ja alkoi kävellä Pietarin rukoillessa (Apostolien teot 3:1-10).

Tämä palvelee todistuksena siitä, että kuka tahansa, joka uskoo Jeesukseen Kristukseen ja saa anteeksiannon Hänen nimessään, voi parantua täysin kaikista sairauksistaan – vaikka lääketiede ei ole voinut häntä parantaa – hänen kehonsa uudistuessa ja palautuessa normaaliksi. Jumala, joka on sama eilen, tänään ja ikuisesti (Kirje hebrealaisille 13:8) toimii ihmisissä, jotka uskovat Hänen sanaansa ja etsivät uskonsa määrän mukaisesti. Hän parantaa erilaisia sairauksia, avaa sokeiden silmiä, ja nostaa rammat seisomaan.

Kuka tahansa, joka on hyväksynyt Jeesuksen Kristuksen, on saanut anteeksi kaikki syntinsä, ja tullut Jumalan lapseksi, ja hän elää nyt vapaata elämää.

Tutkikaamme nyt yksityiskohtaisesti, miksi jokainen meistä voi elää tervettä elämää, uskoessamme Jeesukseen Kristukseen.

Jeesusta piiskattiin ja Hän vuodatti vertaan

Ennen ristiinnaulitsemista roomalaiset sotilaat piiskasivat Jeesusta ja vuodattivat hänen vertaan Pontius Pilatuksen oikeudessa. Hänen aikanaan roomalaiset sotilaat olivat raavaita, terveitä, erittäin vahvoja ja hyvin harjoitettuja. Loppujen lopuksi, hehän olivat maailmaa siihen aikaan hallinneen imperiumin sotilaita. Jeesuksen kärsimiä hirvittäviä tuskia vahvojen sotilaiden riisuessa ja piestessä hänet ei voi riittävästi sanoin kuvata. Jokaisella piiskaniskulla piiska kiertyi Jeesuksen kehon ympäri ja repi irti hänen lihaansa ja veri valui hänen kehostaan.

Miksi Jeesuksen, Jumalan Pojan, ilman mitään syntiä, syyllisyyttä tai vikaa, täytyi tulla piiskatuksi niin raa'asti meidän syntisten puolesta? Tähän tapahtumaan on piilotettuna syvällinen sisältö Jumalan hämmästyttävästä kaitselmuksesta.

1 Pietarin kirje 2:24 kertoo meidän olevan parannetut Jeesuksen haavojen kautta. Jesajassa 53:5 luemme, että hänen piiskaamisensa kautta olemme parannetut. Noin kaksituhatta vuotta sitten, Jeesus, Jumalan Poika piiskattiin lunastamaan meidät sairauden piinasta ja veri, jonka hän vuodatti, oli syntiemme tähden, koska emme olleet eläneet Jumalan sanan mukaan. Uskoessamme Jeesukseen, joka piiskattiin ja vuoti verta, olemme jo tulleet vapautetuksi ja parannetuiksi sairauksistamme. Tämä on osoitus Jumalan hämmästyttävästä rakkaudesta ja viisaudesta.

Sen vuoksi, jos kärsit sairaudesta Jumalan lapsena, kadu syntejäsi ja usko, että olet jo tullut parannetuksi. Sillä *"Usko on luja luottamus siihen, mitä toivotaan, ojentautuminen sen mukaan, mikä ei näy."* (Kirje hebrealaisille 11:1), vaikka tuntisit kipuja sairauden vaikuttamissa kehosi osissa, voit sanoa uskossasi, "Olen jo parannettu," ja kehosi todellakin parantuu pian.

Kouluvuosinani loukkasin yhden kylkiluistani ja sen uusiutuessa ajoittain, kipu oli niin sietämätön, että minulla oli vaikeuksia hengittää. Vuosi tai kaksi sen jälkeen, kun olin hyväksynyt Jeesuksen Kristuksen, kipu uusiutui yrittäessäni nostaa raskasta esinettä, enkä voinut ottaa askeltakaan. Siitä huolimatta, koska olin kokenut kaikkivaltiaan Jumalan voiman ja uskoin siihen, rukoilin tosissani, "Kun rukoukseni pian päättyessä liikutan itseäni, uskon kivun kadonneen ja voivani kävellä." Koska uskoin vain kaikkivaltiaaseen Jumalaan ja pyyhin tuskan ajatuksen pois mielestäni, saatoin seistä ja kävellä. Oli kuin tuska olisi ollut vain mielikuvituksessani.

Kuten Jeesus sanoi meille Markuksen evankeliumissa 11:24, *"Sentähden minä sanon teille, kaikki, mitä te rukoilette ja anotte, uskokaa saaneenne, niin se on teille tuleva,"* jos uskomme jo parantuneemme, me todellakin saamme parantumisen uskomme mukaan. Kuitenkin, jos uskomme, ettemme ole vielä parantuneet jäljellä olevan tuskan takia, sairaus ei tule parannetuksi. Toisin sanoen, vain rikkoessamme omien ajatustemme rajat, kaikki tulee tapahtumaan uskomme mukaan.

Tämän vuoksi Jumala kertoo meille syntisen mielen olevan Jumalalle vihamielinen (Paavalin kirje roomalaisille 8:7) ja kehottaa meitä vangitsemaan jokaisen ajatuksemme tehdäksemme ne Jumalalle kuuliaisiksi (Paavalin 2. kirje korinttolaisille 10:5). Lisäksi Matteuksen evankeliumissa 8:17 luemme Jeesuksen ottaneen meidän heikkoutemme ja kantaneen meidän sairautemme. Jos ajattelet 'Olen heikko' voit vain säilyä heikkona. Kuitenkin, riippumatta siitä, kuinka vaikeaa ja näännyttävää elämäsi saattaa olla, jos huulesi tunnustavat, "koska minussa on Jumalan voima ja armo ja koska Pyhä Henki ohjaa minua, en ole nääntynyt," nääntyminen katoaa pois ja sinä muutut voimakkaaksi ihmiseksi.

Jos me tosissamme uskomme Jeesukseen Kristukseen, joka otti heikkoutemme ja kantoi sairautemme, meidän tulee muistaa, ettei meillä ole mitään syytä kärsiä sairauksista.

Kun Jeesus näki heidän uskonsa

Nyt kun olemme parannetut sairauksistamme Jeesuksen ruoskimisen kautta, se mitä tarvitsemme, on usko, jonka avulla voimme uskoa tähän. Nykyisin, monet Häneen aiemmin uskomattomat ihmiset tulevat Hänen eteensä sairauksineen. Jotkut ihmiset parantuvat pian hyväksyttyään Jeesuksen, kun taas toisille ei näy mitään edistystä kuukausienkaan rukoilemisen jälkeen. Jälkimmäisen ryhmän ihmisten tulee katsoa taaksepäin ja tutkia uskoaan.

Tutkikaamme Markuksen evankeliumista 2:1-12, kuinka halvaantunut ja hänen neljä ystäväänsä näyttivät uskonsa, pakottivat Herran parantavan käden vapauttamaan hänet taudistaan ja antoivat kunnian Jumalalle.

Jeesuksen käydessä Kapernaumissa, uutinen Hänen saapumisestaan levisi nopeasti ja kerääntyi suuri kansanjoukko.

Jeesus saarnasi heille Jumalan sanaa – totuutta – ja kansanjoukko kuunteli tarkasti, ettei menettäisi Jeesuksen sanoja. Juuri silloin, neljä miestä toi mukanaan halvaantuneen matolla, mutta suuren kansanjoukon takia, he eivät voineet tuoda halvaantunutta Jeesuksen lähelle.

He eivät kuitenkaan antaneet periksi. Sen sijaan, he menivät sen talon katolle, missä Jeesus asui, kaivautuivat katon läpi, tekivät aukon hänen yläpuolelleen, ja laskivat alas maton, jolla halvaantunut makasi. Jeesuksen nähdessä heidän uskonsa, hän sanoi halvaantuneelle, "Poikani, syntisi ovat anteeksiannetut...nouse ylös, ota vuoteesi ja mene kotiisi," ja halvaantunut sai parantumisen, jota hän oli todella halunnut. Hänen ottaessa mattonsa ja kävellessä ulos kaikkien näkyviin, ihmiset hämmästyivät ja ylistivät Jumalaa.

Halvaantunut oli kärsinyt sellaisesta vakavasta sairaudesta, ettei hän ollut voinut liikkua ilman apua. Halvaantuneen kuultua uutisia Jeesuksesta, joka oli avannut sokeiden silmiä, saanut rampoja seisomaan, parantanut spitaalisia, ajanut pois riivaajia ja parantanut monia muita erilaisista sairauksista kärsiviä, hän epätoivoisesti halusi tavata Jeesuksen. Koska hänellä oli hyvä sydän ja kuultuaan sellaisia uutisia, hän kaipasi tavata Jeesuksen, saatuaan selville, missä hän tulisi olemaan.

Sitten eräänä päivänä halvaantunut kuuli Jeesuksen tulleen Kapernaumiin. Voitko kuvitella, miten ilahtunut hänen on täytynyt olla kuultuaan sellaisen uutisen? Hänen on täytynyt etsiä ystäviä, jotka voisivat auttaa häntä, ja hänen ystävänsä, jotka onneksi olivat uskovia, ovat varmasti helposti hyväksyneet ystävänsä pyynnön. Sillä halvaantuneen ystävät olivat myös kuulleet uutisia Jeesuksesta ja kun heidän ystävänsä vakavasti pyysi heitä viemään hänet Jeesuksen luo, he myöntyivät.

Jos halvaantuneen ystävät olisivat kieltäneet hänen pyyntönsä ja arvostelleet häntä sanoen "kuinka voit uskoa sellaisiin asioihin, kun et ole niitä itse nähnyt?" he eivät olisi nähneet sellaista vaivaa auttaa heidän ystäväänsä. Kuitenkin, koska myös heillä oli usko, he saattoivat tuoda ystävänsä matolla, kukin kantaen mattoa yhdestä kulmasta, ja näkivät jopa vaivan avata reikä talon kattoon.

Nähdessään suuren väkijoukon tehtyään vaikean matkan ja huomatessaan, etteivät voi päästä väenpaljouden läpi lähemmäs Jeesusta, kuinka ahdistuneita ja onnettomia heidän onkaan täytynyt olla? He ovat varmasti pyytäneet ja anoneet edes pientä aukkoa väkijoukolta. Kuitenkin, suuren väenpaljouden vuoksi, he eivät nähneet mitään aukkoa ja he tulivat epätoivoisiksi. Lopulta he päättivät mennä sen talon katolle, jossa Jeesus oli, tekivät siihen aukon ja laskivat matolla makaavan ystävänsä Jeesuksen eteen. Halvaantunut tuli ja tapasi Jeesuksen lähempää kuin kukaan muu paikalle kerääntynyt. Tämän tarinan kautta voimme oppia, kuinka totisesti halvaantunut ja hänen ystävänsä ikävöivät päästä Jeesuksen eteen.

Meidän tulee huomioida, etteivät halvaantuneet ja hänen ystävänsä vain yksinkertaisesti menneet Jeesuksen luo. Se seikka, että he näkivät kaiken sen vaivan tavata Hänet, vain kuultuaan uutisia Hänestä, kertoo meille heidän uskoneen uutiset Hänestä ja Hänen opettamansa sanoman. Lisäksi, voittamalla ilmeiset vaikeudet, olemalla sitkeitä ja tarmokkaasti lähestyneen Jeesusta, halvaantunut ja hänen ystävänsä osoittivat, kuinka nöyriä he olivat mennessään hänen eteensä.

Ihmisten nähdessä halvaantuneen ja hänen ystäviensä menevän katolle ja tekevän siihen aukon, väkijoukko on saattanut joko pilkata heitä tai tulla vihaiseksi. Kenties jotain, jota emme osaa edes kuvitella, on saattanut tapahtua. Kuitenkaan, näille viidelle ihmiselle ei mikään tai kukaan ollut este heidän tiellään. Heti tavattuaan Jeesuksen, halvaantunut tulisi parantumaan ja he voisivat helposti korjata tai maksaa katon vahingot.

Kuitenkin tänä päivänä, monien vakavasti sairaiden ihmisten, tai heidän perheidensä joukosta, on vaikeata löytää uskovia. Sen sijaan, että lähestyisivät Jeesusta tarmokkaasti, he ovat nopeita sanomaan, "olen hirveän sairas, haluaisin mennä, mutten kykene" tai "se ja se perheessäni on niin heikko, ettei häntä voida siirtää." On surullista nähdä sellaisia passiivisia ihmisiä, jotka tuntuvat vain odottavan omenan putoavan puusta heidän suuhunsa. Toisin sanoen, näiltä ihmisiltä puuttuu usko.

Jos ihmiset tunnustavat uskoansa Jumalaan, täytyy myös olla uskottavuutta siinä, miten he näyttävät uskonsa. Sillä ei voi odottaa kokevansa Jumalan työtä uskossa, joka on saatu ja talletettu vain tietona. Vain ihmisen näyttäessä uskonsa teoissaan, hänen uskostaan tulee elävää uskoa ja samalla rakentuu uskon perustus vastaanottamaan Jumalan antama hengellinen usko. Sen vuoksi, samoin kuin halvaantunut vastaanotti Jumalan parantamisen työn uskonsa perusteella, myös meidän tulee viisastua, ja näyttää Hänelle uskomme perusta – itse usko – niin, että myös me voimme viettää elämää, jossa saamme Jumalan antaman hengellisen uskon ja koemme Hänen ihmeitään.

Syntisi ovat anteeksiannetut

Jeesus sanoi hänen luokseen tulleelle halvaantuneelle ja hänen ystävilleen, "Poikani, syntisi ovat annettu anteeksi" ja ratkaisi synnin ongelman. Koska ihminen on kykenemätön saamaan vastauksia, jos hänen ja Jumalan välillä on synnin seinä, Jeesus ensin poisti synnin ongelman halvaantuneelta, joka oli tullut hänen luokseen uskon perusteella.

Jos me todella tunnustamme uskoamme Jumalaan, raamattu kertoo meille, millaisella asenteella meidän tulee tulla Hänen eteensä ja kuinka meidän tulee toimia. Tottelemalla sellaisia käskyjä, kuin "Tee", "Älä tee", "Pidä", "Heitä pois," ja vastaavat, epäoikeudenmukainen ihminen muuttuu oikeudenmukaiseksi ja valehtelija muuttuu totta puhuvaksi ja rehelliseksi ihmiseksi. Kun noudatamme totuuden sanaa, syntimme puhdistuvat Herramme verellä ja saadessamme anteeksiannon, Jumalan suojelu ja vastaukset tulevat ylhäältä.

Koska kaikki sairaudet perustuvat syntiin, synnin ongelman

tultua ratkaistuksi, syntyvät sellaiset olosuhteet, joissa Jumalan työ voidaan tuoda ilmi. Samoin kuin lamppu syttyy ja kone toimii sähkön tullessa anodiin ja poistuessa katodista, Jumalan nähdessä ihmisen uskon perustan, Hän julistaa anteeksiannon ja antaa hänelle uskon ylhäältä, näin tehden ihmeen.

"Nouse ylös, ota vuoteesi ja mene kotiisi." Kuinka sydäntälämmittäviä nämä sanat ovatkaan? Nähdessään halvaantuneen ja hänen ystäviensä uskon, Jeesus ratkaisi synnin ongelman ja halvaantunut käveli heti. Hän oli tullut pitkän toivomisen ajan jälkeen jälleen ehjäksi. Samoin, jos toivomme saavamme vastauksia, ei vain sairauksiin, vaan myös muihin ongelmiimme, meidän täytyy muistaa ensin saada anteeksianto ja tehdä sydämistämme puhtaita.

Kun ihmisillä on vähän uskoa, he saattavat hakea ratkaisuja sairauksiinsa luottamalla lääkkeisiin ja lääkäreihin, mutta nyt kun heidän uskonsa on kasvanut ja he rakastavat Jumalaa ja elävät Hänen sanansa mukaan, sairaus ei pesiydy heihin. Vaikka he olisivat sairastuneet, katsomalla ensin taaksepäin itseänsä, katuen koko sydämestään ja kääntymällä pois synnillisistä tavoistaan, he saavat välittömästi parannuksen. Tiedän monilla teistä olleen sellaisia kokemuksia.

Joku aika sitten, kirkkoni eräällä vanhemmalla jäsenellä oli rikkoutunut välilevy ja yhtäkkiä hän ei voinut liikkua. Välittömästi hän katsoi taaksepäin elämäänsä, katui ja myös minä rukoilin hänen puolestaan. Jumalan parantava työ tapahtui välittömästi ja hän voi jälleen hyvin.

Hänen tyttärensä kärsiessä kuumeesta, lapsen äiti tajusi äkkipikaisuutensa olleen lapsen kärsimysten syy ja hänen katuessaan sitä, lapsi tuli jälleen terveeksi.

Ihmiskunnan pelastamiseksi, joka Aatamin tottelemattomuuden vuoksi oli ollut tuhon tiellä, Jumala lähetti Jeesuksen Kristuksen tähän maailmaan ja salli Hänen tulevan kirotuksi ja ristiinnaulituksi puiseen ristiin meidän edestä. Näin on, koska raamattu sanoo, *"Ilman verenvuodatusta ei ole anteeksiantoa,"* (Kirje hebrealaisille 9:22) ja *"Kirottu on jokainen puuhun ripustettu"* (Paavalin kirje galatalaisille 3:13).

Nyt kun tiedämme synnin ongelman perustuvan syntiin, meidän täytyy katua kaikkia syntejämme ja hartaasti uskoa Jeesukseen Kristukseen, joka lunasti meidät kaikista sairauksista ja sillä uskolla me voimme viettää tervettä elämää. Monet uskonveljet kokevat paranemisia, todistaen Jumalan voiman ja todistaen elävän Jumalan. Tämä osoittaa meille, että kuka tahansa, joka hyväksyy Jeesuksen Kristuksen ja pyytää hänen nimessään, saa vastauksen sairautensa ongelmaan. Ei väliä, kuinka vakava jonkun sairaus saattaa olla, hänen uskoessa sydämessään Jeesukseen Kristukseen, joka ruoskittiin ja vuodatti vertaan, hämmästyttävä Jumalan parantamistyö tulee tapahtumaan.

Teoilla täydennetty usko

Samoin kuin halvaantunut sai parannuksen neljän ystävänsä avulla näytettyään Jeesukselle uskonsa, jos me haluamme saada, mitä sydämemme halajaa, myös meidän täytyy osoittaa Jumalalle uskomme, jota seuraa teot, näin laskien uskon perustus. Auttaakseni lukijoita paremmin ymmärtämään "uskon", annan lyhyen selvityksen.

Ihmisen elämässä Kristuksessa, "usko" voidaan jakaa ja selittää kahdessa luokassa. "Lihan usko", tai "tiedon usko" viittaa sellaiseen uskoon, jossa ihminen voi uskoa, perustuen fyysisiin todistuksiin, ja jossa sana vastaa hänen tietojaan ja ajatuksiaan. Vastakohtaisesti "hengellinen usko" on sellainen usko, jossa ihminen voi uskoa, vaikkei näe, ja jossa sana ei vastaa hänen tietojaan ja ajatuksiaan.

"Lihan uskossa" ihminen uskoo jonkin näkyvän tulleen luoduksi vain jostakin muusta myös näkyväisestä. "Hengellisessä uskossa", jota ihmisellä ei voi olla, jos hän sisällyttää siihen omat ajatuksensa ja tietonsa, ihminen uskoo jonkin näkyvän voivan tulla luoduksi jostakin muusta kuin näkyväisestä. Jälkimmäinen vaatii tietojen ja ajatusten hylkäämistä.

Syntymästä alkaen mittaamaton määrä tietoa on rekisteröitynyt ihmisen aivoihin. Hänen näkemänsä ja kuulemansa asiat rekisteröityvät. Kotona ja koulussa opitut asiat rekisteröityvät. Eri ympäristöissä ja tilanteissa opitut asiat rekisteröityvät. Kuitenkin, koska kaikki rekisteröitynyt ei ole totta, jos jokin siitä on Jumalan sanan vastaista, se täytyy luonnollisesti heittää pois. Esimerkiksi koulussa ihminen oppii kaiken elollisen joko eriytyneen, tai kehittyneen yksisoluisesta monisoluisiksi organismeiksi, mutta raamatusta hän oppii kaiken elollisen tulleen luoduksi kukin lajinsa mukaan Jumalan toimesta. Mitä hänen tulisi tehdä? Evoluutioteorian harhaluulo on jo tullut esiin jopa tieteen toimesta, yhä uudelleen ja uudelleen. Kuinka on mahdollista, edes ihmisen mielessä, ajatella apinan kehittyneen ihmiseksi ja sammakon kehittyneen jonkinlaiseksi linnuksi satojen miljoonien vuosien aikana? Jo logiikkakin puoltaa luomista.

Vastaavasti "lihan uskon" muuntuessa "hengelliseksi uskoksi" epäilyksiesi tullessa heitetyksi sivuun, tulet seisomaan uskossasi lujana. Lisäksi, jos tunnustat uskosi Jumalaan, sinun tulee laittaa käytäntöön taltioimasi Jumalan sana. Jos tunnustat uskosi Jumalaan, sinun tulee näyttää itsesi valona pitämällä Herran päivä pyhänä, rakastamalla lähimmäisiäsi ja tottelemalla totuuden sanaa.

Jos Markuksen evankeliumin halvaantunut olisi jäänyt kotiin, hän ei olisi parantunut. Kuitenkin, koska hän uskoi parantuvansa tultuaan Jeesuksen eteen ja näytti uskonsa käyttämällä kaikkia mahdollisia keinoja, halvaantunut saattoi saada parannuksen. Vaikka yksittäinen, talon rakentamista toivova ihminen rukoilisi, "Herra, uskon talon tulevan rakennetuksi," sata, tai tuhat rukousta ei johda talon tulevan rakennetuksi itsestään. Hänen tulee tehdä oma osuutensa työstä kaivamalla maata, laskemalla perustus, laittamalla runko ja loput – lyhyesti sanoen tarvitaan "tekoja."

Jos sinä tai joku perheestäsi kärsii sairaudesta, usko Jumalan antavan anteeksi ja todistavan parantamisen työnsä Hän nähdessään jokaisen perheessäsi olevan yhtä rakkaudessa, yhteydessä, jota Hän pitää uskon perustana. Jotkut sanovat, että koska kaikelle on aikansa, on myös aikansa paranemiselle. Muista kuitenkin, että "aika" on silloin, kun ihmisellä on uskon perusta Jumalan edessä.

Toivon sinun saavan vastauksia sairauteesi sekä kaikkeen muuhun kysymääsi ja antavan kunnian Jumalalle. Tätä minä rukoilen Herramme nimeen!

Kappale 5

Voima parantaa raihnaisuuksia

Matteuksen evankeliumi 10.1

"Jeesus kutsui tykönsä ne kaksitoista opetuslastaan ja antoi heille vallan ajaa ulos saastaisia henkiä ja parantaa kaikkinaisia tauteja ja kaikkinaista raihnautta."

Voima parantaa tauteja ja raihnaisuuksia

On monia keinoja todistaa elävä Jumala ei-uskoville ja taudin parantaminen on yksi sellainen. Parantumattomista ja kuolemaan johtavista taudeista, joihin lääketieteen käyttäminen on hyödytöntä, kärsivien ihmisten saadessa parannuksen, he eivät voi enää kieltää Jumalan, Luojan voimaa, vaan alkavat uskoa tähän voimaan ja ylistävät Häntä.

Huolimatta varallisuudestaan, vallastaan, kuuluisuudestaan ja tiedoistaan, monet ihmiset ovat tänä päivänä kykenemättömiä ratkaisemaan taudin ongelmaa ja jäävät epätoivoon. Vaikka monia sairauksia ei voida parantaa kehittyneimmilläkään lääketieteen muodoilla, ihmisten uskoessa kaikkivaltiaaseen Jumalaan, luottaessa Häneen, ja antaessa sairautensa ongelman Hänelle, kaikki parantumattomat ja kuolemaan johtavat taudit voidaan parantaa. Jumalamme on kaikkivoiva Jumala, jolle mikään ei ole mahdotonta, joka voi luoda jotain ei mistään, saada kuivan kepin versomaan ja tekemään silmuja (4. Mooseksen kirja 17:8) ja herättää kuolleita (Johanneksen evankeliumi 11:17-44).

Jumalan voima voi todellakin parantaa minkä tahansa taudin ja sairauden. Matteuksen evankeliumissa 4:23 sanotaan, *"Jeesus kierteli kautta koko Galilean ja opetti heidän synagoogissaan ja saarnasi valtakunnan evankeliumia ja paransi kaikkinaisia tauteja ja kaikkinaista raihnautta, mitä kansassa oli."* Matteuksen evankeliumista 8:17 luemme *"Että kävisi toteen, mikä on puhuttu profeetta Esaiaan kautta, joka sanoo:*

'Hän otti päällensä meidän sairautemme ja kantoi meidän tautimme.'" Näissä säkeissä mainitaan "taudit", "sairaudet" ja "raihnaisuudet".

Tässä, "raihnaisuuksilla" ei viitata sellaisiin suhteellisen vaatimattomiin tauteihin, kuin flunssa, tai sairaus väsymisestä. Se tarkoittaa epänormaalia tilannetta, jossa ihmisen kehon, kehon osien tai elimien toiminta on halvaantunut, tai laskenut onnettomuuden johdosta, tai hänen omien, tai hänen vanhempiensa erehdysten vuoksi. Esimerkiksi ne, jotka ovat mykkiä, kuuroja, sokeita, rampoja, poliosta kärsiviä, ja vastaavat – ne, joita ihmisen tieto ei voi parantaa – heidät voidaan luokitella "raihnaisiksi." Lisänä onnettomuuksista, tai omien tai vanhempien virheistä aiheutuneisiin tilanteisiin – kuten sokeana syntyneen miehen kohdalla Johanneksen evankeliumissa 9:1-3, on olemassa raihnaisuudesta kärsiviä ihmisiä, jotta Jumalan kunnia voitaisiin todistaa. Sellaiset tapaukset ovat kuitenkin harvinaisia, useimpien johtuessa ihmisen välinpitämättömyydestä ja virheistä.

Ihmisten katuessa ja hyväksyessä Jeesuksen Kristuksen heidän hakiessaan uskoa Jumalassa, Hän antaa heille lahjana Pyhän Hengen. Yhdessä Pyhän Hengen kanssa he myös saavat oikeuden tulla Jumalan lapsiksi. Pyhän Hengen ollessa heissä, useimmat sairaudet parannetaan, paitsi erittäin vaikeissa ja vakavissa tapauksissa. Jo se seikka yksinään, että he ovat saaneet Pyhän Hengen, sallii Pyhän Hengen tulen laskeutua heihin ja polttaa heidän haavansa. Lisäksi vaikka, jos joku kärsii kriittisestä sairaudesta, hänen rukoillessa vakavasti, tuhotessa synnin seinän itsensä ja Jumalan väliltä, kääntyessä pois synnin tieltä, ja katuessa, hän saa parannuksen uskonsa mukaisesti.

"Pyhän Hengen tuli" viittaa tulen kasteeseen, joka tapahtuu ihmisen vastaanottaessa Pyhän Hengen ja Jumalan silmissä se on Hänen voimansa. Johannes Kastajan hengellisten silmien avauduttua, hän kuvaili Pyhä Hengen tulta "tulikasteena." Matteuksen evankeliumissa 3:11, Johannes Kastaja sanoi, *"Minä kastan teidät vedellä parannukseen, mutta se, joka minun jäljessäni tulee, on minua väkevämpi, jonka kenkiäkään minä en ole kelvollinen kantamaan; hän kastaa teidät Pyhällä Hengellä ja tulella."* Tulikaste ei tule koska tahansa, vaan ihmisen täyttyessä Pyhästä Hengestä. Koska Pyhän Hengen tuli laskeutuu aina ihmiseen, joka on Pyhän Hengen täyttämä, kaikki hänen syntinsä ja tautinsa tulevat poltetuiksi ja hän tulee elämään terveenä.

Tulikasteen polttaessa taudin kirouksen, useimmat sairaudet paranevat, raihnaisuuksia ei kuitenkaan voi polttaa edes tulikasteella. Kuinka sitten raihnaisuudet voivat tulla parannetuiksi?

Kaikki raihnaisuudet voivat tulla parannetuiksi vain Jumalan antamalla voimalla. Tämän vuoksi löydämme Johanneksen evankeliumista 9:32-33, *"Ei ole maailman alusta kuultu, että kukaan on avannut sokeana syntyneen silmät. jos hän ei olisi Jumalasta, ei hän voisi mitään tehdä."*

Apostolien teoissa 3:1-10 on tapaus, jossa Pietari ja Johannes, jotka olivat molemmat saaneet Jumalan voiman, auttavat syntymästä rampaa temppelin portilla kerjäävää "Beautiful'ia" nousemaan ylös. Pietarin sanoessa hänelle säkeessä 6, *"Hopeaa ja kultaa ei minulla ole, mutta mitä minulla on, sitä minä sinulle annan; Jeesuksen Kristuksen, Nasaretilaisen nimessä, nouse ja käy!"* ja tarttuessa raajarikkoa hänen oikeasta kädestään, miehen jalat ja nilkat tulivat välittömästi vahvoiksi ja hän alkoi ylistää Jumalaa. Ihmisten nähdessä aiemmin raajarikkoisen kävelevän ja ylistävän Jumalaa, he olivat täynnä ihmetystä ja hämmästystä.

Jos joku toivoo saavansa parannuksen, hänellä täytyy olla usko Jeesukseen Kristukseen. Vaikka raajarikko saattoi olla vain kerjäläinen, kuitenkin, koska hän uskoi Jeesukseen Kristukseen, hän saattoi saada parannuksen, Jumalan voiman saaneiden rukoillessa hänen puolestaan. Tämän vuoksi kirjoitukset kertovat meille, *"Ja uskon kautta hänen nimeensä on hänen nimensä vahvistanut tämän miehen, jonka te näette ja tunnette, ja usko, jonka Jeesus vaikuttaa, on hänelle antanut hänen jäsentensä terveyden kaikkien teidän tähtenne."* (Apostolien teot 3:16).

Matteuksen evankeliumissa 10:1, löydämme Jeesuksen antaneen opetuslapsilleen voiman epäpuhtaita henkiä vastaan, voiman heittää ne pois, ja parantaa kaikenlaisia sairauksia ja tauteja. Vanhassa testamentissa Jumala antoi voiman parantaa raihnaisuuksia rakastamilleen profeetoille mukaan lukien Mooses, Eliaa, Elisha; uuden testamentin aikoina Jumalan voima oli sellaisissa apostoleissa, kuin Pietari ja Paavali ja opetuslapset.

Ihmisen saatua Jumalan voiman mikään ei ole mahdotonta, koska hän voi auttaa ramman pystyyn, parantaa polion ja tehdä kävelemisen heille mahdolliseksi, tehdä sokean näkeväksi, avata kuuron korvat ja panna kuuromykät puhumaan.

Erilaisia keinoja parantaa raihnaisuuksia

1. Jumalan voima paransi kuuromykän ihmisen

Markuksen evankeliumissa 7:31-37 on tapahtuma, jossa Jumalan voima parantaa kuuromykän. Ihmisten tuodessa hänet Jeesuksen luo ja anoessa häntä laittamaan kätensä hänen päällensä, Jeesus vei miehen sivummalle ja laittoi sormensa hänen korviinsa. Sitten hän sylki hänen kieleensä ja kosketti sitä. Hän katsoi ylös taivaaseen ja syvästi huokaisten sanoi hänelle, 'Ephphatha!' (joka tarkoittaa, 'Ole parannettu!'). Välittömästi hänen korvansa avautuivat, hänen kielensä alkoi liikkua ja hän alkoi puhua selvästi.

Eikö Jumala, joka oli luonut maailmankaikkeuden sanallaan, olisi voinut parantaa häntä myös sanallaan? Miksi Jeesus laittoi sormensa hänen korviinsa? Koska kuuro ihminen ei voi kuulla ääniä ja kommunikoi viittomakielellä, tämä ihminen ei olisi voinut omistaa uskoa siten, kuin muut, vaikka Jeesus olisi puhunut. Koska Jeesus tiesi häneltä puuttuvan uskon, Jeesus laittoi sormensa hänen korviinsa, niin että sormien kosketuksen kautta, hän saattoi tulla omistamaan sellaisen uskon, etä hänet voitaisiin parantaa. Tärkein asia on usko, jolla uskoo voivansa tulla parannetuksi. Jeesus olisi voinut parantaa hänet sanallaan, mutta koska hän ei voinut kuulla, Jeesus istutti uskon ja salli hänen saada parannuksen käyttämällä sellaista menetelmää.

Miksi sitten Jeesus sylki miehen kielelle ja kosketti sitä? Se seikka, että Jeesus sylki, kertoo meille pahan hengen aiheuttaneen hänen mykkyytensä. Jos joku sylkee kasvoillesi ilman erityistä syytä, kuka hyväksyisi sen? Se on häpäisevä teko ja epämoraalista käytöstä, joka todella alentaa hänen luonteensa. Koska sylkeminen yleisesti symboloi kunnioituksen ja arvostuksen puutetta jotakuta kohtaan, myös Jeesus sylki ajaakseen pois pahan hengen.

Mooseksen 1. kirjassa löydämme Jumalan kiroavan käärmeen syömään tomua koko elämänsä. Tämä, toisin sanoen, viittaa Jumalan kiroukseen vihollista saatanaa kohtaan, joka oli yllyttänyt käärmettä tekemään tomusta tehdyn ihmisen saaliikseen. Sen vuoksi, aina Aatamin ajoista vihollinen paholainen on yrittänyt tehdä ihmisestä saaliinsa ja etsinyt jokaista mahdollisuutta kiusata ja tuhota ihminen. Samoin kuin kärpäset, hyttyset ja toukat valtaavat likaiset paikat, vihollinen paholainen valtaa ihmiset, joiden sydämet ovat täynnä syntiä, ja äkkipikaisuutta ja ottaa heidän mielensä haltuunsa. Meidän tulee tajuta vain niiden voivan tulla parannetuiksi taudeista, jotka elävät ja toimivat Jumalan sanan mukaan.

2. Jumalan voima paransi sokean

Markuksen evankeliumista 8:22-25 löydämme seuraavan:

Ja he tulivat Beetsaidaan. Ja hänen tykönsä tuotiin sokea, ja he pyysivät, että hän koskisi häneen. Niin hän tarttui sokean käteen, talutti hänet kylän ulkopuolelle, sylki hänen silmiinsä ja pani kätensä hänen päälleen ja kysyi häneltä, 'näetkö mitään?' Tämä katsahti ylös ja sanoi, 'Näen ihmiset, sillä minä erotan käveleviä, ne ovat puiden näköisiä.' Sitten hän taas pani kätensä hänen silmilleen; ja nyt mies näki tarkkaan ja oli parantunut ja näki kaiken aivan selvästi.

Jeesuksen rukoillessa tämän sokean puolesta, Hän sylki hänen silmiinsä. Miksi sitten, tämä sokea ei nähnyt ensimmäisellä kerralla Jeesuksen rukoiltua hänen puolestaan, vaan vasta Jeesuksen rukoiltua toisen kerran. Voimallaan Jeesus olisi voinut parantaa hänet kokonaan, mutta koska hänen uskonsa oli pieni, Jeesus rukoili toisen kerran ja auttoi häntä omistamaan uskon. Tämän kautta Jeesus opettaa meitä, että kun joku ei saa parannusta ensimmäisellä kerralla sen jälkeen kun hänen puolestaan on rukoiltu, meidän tulisi rukoilla sellaisten ihmisten puolesta neljäkin kertaa, kunnes on istutettu usko, jonka kautta he voivat saada parannuksen.

Jeesus, jolle mikään ei ollut mahdotonta, rukoili ja rukoili uudestaan, koska Hän tiesi, ettei häntä voisi parantaa hänen omalla uskollaan. Mitä meidän tulisi tehdä? Anomalla hartaammin ja rukoilemalla meidän tulisi kestää kunnes saamme parannuksen.

Johanneksen evankeliumissa 9:6-9 on syntymästään sokea, joka sai parannuksen, Jeesuksen syljettyä maahan, tehtyä mutaa syljestään ja pantuaan mudan hänen silmilleen. Miksi Jeesus paransi hänet sylkemällä maahan, tekemällä mutaa syljestään ja laittamalla sen hänen silmiinsä? Tässä sylki ei viittaa mihinkään epäpuhtaaseen. Jeesus sylki maahan, jotta Hän voisi tehdä mutaa ja laittaa sitä sokean silmiin. Jeesus teki syljellään mutaa myös, koska vettä oli niukalti saatavilla. Vanhemmat laittavat usein huolehtivalla tavalla sylkeä lapsiinsa alueelle, joka on paisettunut, turvoksissa, tai hyönteisen pistämä. Meidän tulisi tajuta Jumalamme rakkaus, Jumalan, joka käytti lukuisia keinoja auttaakseen heikkoa saamaan uskon.

Jeesuksen laittaessa mutaa sokean silmiin, hän tunsi mudan silmissään ja tuli omistamaan uskon, jolla hänet voitiin parantaa. Jeesuksen annettua uskon sokealle, jonka oma usko oli ollut pieni, hän avasi voimallaan hänen silmänsä.

Jeesus kertoo meille, *"Ellette näe merkkejä ja ihmeitä, te ette usko"* (Johanneksen evankeliumi 4:48). Nykyisin on mahdotonta auttaa ihmisiä omistamaan sellaista uskoa, jonka kautta voi uskoa vain raamatun sanaan, ilman, että on todistamassa parantamisia ja ihmeitä. Aikana, jolloin ihmisen tiede ja tieto on edistynyt valtavasti, on äärettömän vaikeaa omistaa hengellistä uskoa, jolla uskoa näkymättömään Jumalaan. Kuulemme usein "näkeminen on uskomista." Vastaavasti, koska ihmisten usko kasvaa ja parantamisen työ tapahtuu vielä entistä nopeammin heidän nähdessään konkreettisia todisteita elävästä Jumalasta "merkit ja ihmeet" ovat aivan välttämättömiä.

3. Jumalan voima paransi ramman

Jeesuksen saarnattua hyviä uutisia ja parannettua kaikenlaisista taudeista ja sairauksista kärsiviä ihmisiä, myös hänen opetuslapsensa todistivat Jumalan voiman.

Pietarin komentaessa raajarikkoa kerjäläistä "Jeesuksen Kristuksen Nasaretilaisen nimessä, kävele" ja tarttuessa häntä oikeasta kädestä, hänen jalkansa ja nilkkansa tulivat välittömästi vahvoiksi ja hän nousi jaloilleen ja alkoi kävellä (Apostolien teot 3:6-10). Ihmisten nähtyä ihmeelliset merkit ja ihmeteot, jotka Pietari suoritti saatuaan Jumalan voiman, yhä useammat ihmiset alkoivat uskoa Herraan. He toivat jopa sairaita kaduille ja laittoivat heidät makaamaan vuoteisiin ja matoille, niin että edes Pietarin varjo lankeaisi joidenkin heidän päälleen hänen kulkiessa ohi. Ihmisiä kerääntyi myös kaupungeista Jerusalemin ympäriltä, tuoden sairaitaan ja riivattujaan, ja kaikki heidät parannettiin (Apostolien teot 5:14-16).

Apostolien teoista 8:5-8 löydämme, *"Filippus meni Samarian kaupunkiin ja saarnasi heille Kristusta. Ja kansa otti yksimielisesti vaarin siitä, mitä Filippus puhui, kun he kuulivat hänen sanansa ja näkivät ne tunnusteot, jotka hän teki. Sillä monista, joissa oli saastaisia henkiä, ne lähtivät pois huutaen suurella äänellä ja moni halvattu ja rampa parani. Ja syntyi suuri ilo siinä kaupungissa".*

Apostolien teoista 14:8-12, luemme syntymästään saakka jaloistaan rammasta, joka ei ollut koskaan kävellyt. Kuunneltuaan Paavalin sanomaa ja tultuaan uskoon, jolla hän voisi saada pelastuksen, Paavalin käskiessä, "nouse jaloillesi!" hän heti nousi ylös ja alkoi kävellä. Ne, jotka todistivat tämän tapahtuman, väittivät, "Jumalat ovat tulleet alas ihmisen muodossa!"

Apostolien teoista 19:11-12 näemme *"Jumala teki ylen voimallisia tekoja Paavalin kätten kautta, niin että vieläpä hikiliinoja ja esivaatteita hänen iholtansa vietiin sairasten päälle, ja taudit lähtivät heistä ja pahat henget pakenivat pois."* Kuinka hämmästyttävää ja ihmeellistä Jumalan voima onkaan?

Jumalan voima tulee tänäkin päivänä näkyviin sellaisten ihmisten kautta, joiden sydämet ovat saavuttaneet pyhyyden ja täydellisen rakkauden, kuten Pietari, Paavali, ja diakonit Filippus ja Tuomas. Ihmisten tullessa Jumalan eteen uskossa, toivoen raihnaisuuksiensa parantamista, he voivat parantua saadessaan rukouksen Jumalan palvelijoilta, joiden kautta Hän toimii.

Manmin'in perustamisesta asti elävä Jumala on sallinut minun toteuttaa joukon ihmeellisiä merkkejä ja ihmeitä, istuttaen uskon jäsenten sydämiin ja tuoden suuren uudestisyntymisen.

Oli nainen, joka oli alkoholisoituneen miehensä pahoinpitelemä. Naisen näköhermojen halvaannuttua vakavan fyysisen väkivallan seurauksena ja lääkäreiden luovuttua toivosta, nainen tuli Manmin'iin kuultuaan siitä. Hänen säännöllisesti osallistuttuaan jumalanpalveluksiin ja rukoiltuaan vakavasti parantumista, hän vastaanotti minun rukoukseni ja tuli jälleen näkeväksi. Jumalan voima oli täydellisesti korjannut hänen näköhermonsa, jotka yhteen aikaan näyttivät lopullisesti menetetyiltä.

Toisessa tapauksessa oli mies, joka oli kärsinyt vakavasta vammasta, jossa hänen selkärankansa oli murskaantunut kahdeksasta kohtaa. Hänen kehonsa alaosa oli halvaantunut, ja hänen molemmat jalkansa aiottiin amputoida. Hyväksyttyään Jeesuksen Kristuksen, hän vältti amputaation, mutta hänen täytyi silti käyttää kainalosauvoja, Hän alkoi sitten osallistua Manmin rukouskeskuksen kokouksiin ja vähän myöhemmin perjantain läpi koko yön jumalanpalveluksen aikana, saatuaan rukoukseni. mies heitti pois kainalosauvansa, käveli omilla jaloillaan ja tuli siitä hetkestä evankeliumin lähettilääksi.

Jumalan voima voi täysin parantaa sellaisia raihnaisuuksia, joita lääketiede ei voi parantaa. Johanneksen evankeliumissa 16:23, Jeesus lupaa meille, *"Ja sinä päivänä te ette minulta mitään kysy. Totisesti, totisesti minä sanon teille; jos te anotte jotakin Isältä, on Hän sen teille antava minun nimessäni."* Usko Jumalan ihmeelliseen voimaan, hae sitä totisesti, saa vastaus sairautesi kaikkiin ongelmiin ja tule viestinviejäksi, joka kantaa hyvää uutista elävästä kaikkivaltiaasta Jumalasta. Herran nimeen, tätä minä rukoilen.

Kappale 6

Keinot parantaa
riivaajan vainoamat

Markuksen evankeliumi 9:28-29

"Ja kun Jeesus oli mennyt huoneeseen, niin Hänen opetuslapsensa kysyivät häneltä eriksensä, 'Miksi emme me voineet ajaa sitä ulos?' Hän sanoi heille, 'Tätä lajia ei saa lähtemään ulos muulla kuin rukouksella ja paastolla.'"

Viimeisinä päivinä rakkaus kylmenee

Nykyaikaisen tieteellisen sivilisaation ja teollisuuden kehitys on tuonut mukanaan aineellista hyvinvointia ja antanut ihmisille mahdollisuuden hakea mukavuutta ja etua. Samaan aikaan nämä kaksi tekijää ovat johtaneet ihmisten väliseen vieraantumiseen, suureen itsekkyyteen, petoksiin ja alemmuuskomplekseihin. Rakkauden vähentyessä ymmärtämystä ja anteeksiantoa on vaikeaa löytää. Kuten Matteuksen evankeliumi 24:12 ennusti, *"Koska laittomuus pääsee valtaan, kylmenee useimpien rakkaus."* Aikana, jolloin pahuus on voimissaan ja rakkaus kylmenee, yksi vakavimmista nykypäivän yhteiskuntamme ongelmista on lisääntyvä määrä ihmisiä, jotka kärsivät sellaisista mielenterveyshäiriöistä, kuin hermoromahdus ja jakomielitauti.

Mielenterveyslaitokset eristävät monia potilaita, jotka ovat kykenemättömiä viettämään normaalia elämää, ja jotka eivät ole löytäneet asianmukaista parannusta. Ellei edistystä ole tapahtunut monien hoitovuosien jälkeen, perheet kyllästyvät ja hylkäävät potilaat kuin orvot. Nämä potilaat, eläen muualla ja ilman perheitä, eivätkä kykene toimimaan normaalien ihmisten tavoin. Vaikka he tarvitsevat tosi rakkautta lähimmäisiltään, eivät kovin monet ihmiset osoita rakkauttaan sellaisille yksilöille.

Raamatusta löydämme monia tapauksia, joissa Jeesus paransi pahan hengen riivaamia. Miksi ne on kirjattu kirjoituksiin? Aikojen lopun lähestyessä rakkaus kylmenee ja saatana kiusaa ihmisiä, aiheuttaen heille mielenterveyskärsimyksiä ja tehden heistä paholaisen lapsia. Saatana kiusaa, sairauttaa, sekoittaa ja pilaa synnillä ja pahuudella ihmisten mielet. Yhteiskunnan vajotessa syntiin ja pahuuteen, ihmiset ovat nopeita kadehtimaan, riitelemään, vihaamaan ja murhaamaan toisiaan. Aikojen lopun lähestyessä, kristittyjen tulee erottaa totuus valheesta, pysyä lujana uskossa, ja viettää tervettä elämää fyysisesti ja henkisesti.

Tutkikaamme syitä saatanan yllytykseen ja kiusaamiseen, samoin kuin lisääntyvään määrään ihmisiä, jotka ovat saatanan ja riivaajan vallassa ja kärsivät mielenterveyshäiriöistä nykyaikaisessa yhteiskunnassamme, jossa tieteellinen sivilisaatio on suuresti edistynyt.

Tapa, jolla saatana ottaa vallan

Jokaisella ihmisellä on omatunto, ja useimmat käyttäytyvät sen mukaan, mutta jokaisen yksilön omantunto ja siitä johtuvat seuraukset vaihtelevat henkilöstä toiseen. Näin on, koska ihmiset ovat syntyneet ja kasvaneet erilaisissa ympäristöissä ja olosuhteissa, ovat nähneet, kuulleet ja oppineet erilaisia asioita vanhemmiltaan kotona ja koulussa, ja ovat tallettaneet erilaista tietoa.

Yhtäältä Jumalan sana, joka on totuus, kertoo meille, *"Älä anna pahan itseäsi voittaa, vaan voita sinä paha hyvällä"* (Paavalin kirje roomalaisille 12:21), ja kehottaa meitä, *"Älkää tehkö pahalle vastarintaa; vaan jos joku lyö sinua oikealle poskelle, käännä hänelle toinenkin"* (Matteuksen evankeliumi 5:39). Koska sana opettaa rakkautta ja anteeksiantoa, tapa – "häviäminen on voittamista" – kehittyy sanaan uskovissa. Toisaalta, jos on oppinut lyötäessä lyömään takaisin, hänelle muodostuu tapa, joka sanelee vastustamisen olevan urheaa ja välttämisen ilman vastustamista olevan pelkuruutta. Kolme tekijää – Jokaisen yksilön tuomitsemisen tavat, onko hän viettänyt vanhurskasta elämää vai ei, ja kuinka maallinen hän on – muodostavat erilaiset omattunnot eri ihmisille.

Koska ihmiset ovat viettäneet erilaista elämää ja heidän omatuntojensa ollessa erilaiset, Jumalan vihollinen saatana käyttää tätä houkutellakseen ihmisiä elämään synnillisen luonteen mukaan – vastakohtana vanhurskaudelle ja hyvälle – sekoittamalla pahoja ajatuksia ja yllyttämällä heitä syntiin.

Ihmisten sydämissä on ristiriita Pyhän Hengen kaipauksen, elämisen Jumalan lain mukaan, ja synnillisen halun välillä, elämisen lihallisten halujen mukaan. Tämä vuoksi Jumala kehottaa meitä Paavalin kirjeessä galatalaisille 5:16-17, *"Minä sanon; vaeltakaa Hengessä, niin ette lihan himoa täytä. Sillä liha himoitsee Henkeä vastaan, ja Henki lihaa vastaan; nämä ovat nimittäin toisiansa vastaan, niin että te ette tee sitä, mitä tahdotte."*

Jos elämme Pyhän Hengen halun mukaan, me perimme taivasten valtakunnan, jos seuraamme synnillisen luonteen haluja, emmekä elä Jumalan sanan mukaan, me emme peri taivasten valtakuntaa. Tämän vuoksi Jumala varoitti meitä seuraavasti Paavalin kirjeessä galatalaisille 5:19-21:

> *Mutta lihan teot ovat ilmeiset, ja ne ovat: haureus, saastaisuus, irstaus, epäjumalanpalvelus, noituus, vihamielisyys, riita, kateellisuus, vihat, juonet, eriseurat, lahkot, kateus, juomingit, mässäykset ja muut senkaltaiset, joista teille edeltäpäin sanon, niinkuin jo ennenkin olen sanonut, että ne, jotka semmoista harjoittavat, eivät peri Jumalan valtakuntaa.*

Kuinka sitten ihmiset tulevat riivaajien valtaan?

Saatana sekoittaa synnillisiä haluja sellaisen ihmisen ajatuksissa, jonka sydän on täynnä synnillistä luonnetta. Jos hän ei kykene hallitsemaan mieltään ja toimii synnillisen luonteen mukaan, syyllisyys asettuu häneen ja hänen sydämensä kasvaa pahemmaksi. Sellaisten synnillisen luonteen tekojen määrän kasvaessa, lopuksi henkilö on kykenemätön hallitsemaan itseään, ja sen sijaan tekee mitä saatana yllyttää häntä tekemään. sellaisten ihmisten sanotaan olevan saatanan "riivaamia."

Esimerkiksi olettakaamme, että on olemassa laiska ihminen, joka ei halua tehdä työtä, vaan sen sijaan mieluummin juo ja tuhlaa aikaansa. Sellaisissa yksilöissä saatana yllyttää ja hallitsee hänen mieltään, niin että hän jatkaa juomistaan ja aikansa tuhlaamista ajatellen työnteon olevan rasittavaa. Saatana myös ajaa hänet pois hyvyydestä, joka on totuus, ryöstää häneltä energian kehittää elämäänsä ja tekee hänestä epäpätevän ja hyödyttömän ihmisen.

Hänen eläessään saatanan ajatusten mukaan, hän on kykenemätön karkaamaan saatanalta. Lisäksi, hänen sydämensä kasvaessa yhä pahemmaksi, ja koska hän on jo antanut itsensä pahoille ajatuksille, sen sijaan että hallitsisi sydäntään, hän tekee, mikä häntä miellyttää. Jos hän haluaa vihastua, hän vihastuu omaksi tyydytyksekseen, jos hän haluaa tapella tai riidellä, hän tappelee ja riitelee, niin paljon kuin haluaa, jos hän haluaa juoda, hän on kykenemätön estämään itseään juomasta. Tämän lisääntyessä, tietystä pisteestä eteenpäin hän ei kykene hallitsemaan ajatuksiaan ja sydäntään, ja huomaa kaikkien asioiden olevan hänen tahtoaan vastaan. Tämän prosessin jälkeen hän on paholaisen riivaama.

Syy tulla paholaisen riivaamaksi

On kaksi pääasiallista syytä, miksi joku tulee paholaisen yllyttämäksi ja myöhemmin riivaamaksi.

1. Vanhemmat

Jos vanhemmat ovat hyljänneet Jumalan, palvoneet

epäjumalia, joita Jumala vihaa ja pitää vastenmielisinä, tai tehneet jotain erityisen pahaa, silloin pahat henget tunkeutuvat heidän lapsiinsa ja jos sitä ei havaita, heistä tulee paholaisen riivaamia. Sellaisessa tapauksessa vanhempien tulee tulla Jumalan eteen, katua syntejään, kääntyä pois synnillisiltä tavoiltaan, ja anoa hartaasti Jumalalta lastensa puolesta. Jumala katsoo silloin vanhempien sydämiin ja näyttää parantamisen työn, näin löysäten epäoikeudenmukaisuuden kahleita.

2. Sinä itse

Riippumatta vanhempien synneistä, ihminen voi tulla riivatuksi omien sellaisten tekojensa vuoksi kuin, pahuus, ylpeys ja vastaavat. Koska yksilö ei voi rukoilla ja katua itsellisesti, hänen vastaanottaessaan rukouksen Jumalan palvelijalta, joka näyttää Hänen voimansa, epäoikeudenmukaisuuden kahleita voidaan irrottaa. Riivaajien tultua ajetuksi pois ja hänen tultuaan järkiinsä, hänelle tulisi opettaa Jumalan sanaa, niin että hänen sydämensä, joka oli kerran täynnä syntiä ja pahuutta tulee puhdistetuksi ja tulee totuuden sydämeksi.

Sen vuoksi, jos joku perheenjäsenistä tulee paholaisen riivaamaksi, perheen tulee sopia henkilöstä, joka rukoilee riivatun puolesta. Tämä sen vuoksi, että riivatun sydän ja mieli ovat riivaajien hallussa, eikä hän kykene tekemään mitään oman tahtonsa mukaisesti. Hän ei voi rukoilla eikä kuunnella totuuden sanaa; näin hän ei voi elää totuudessa. Sen tähden koko perheen tai edes yhden perheenjäsenen täytyy rukoilla hänen puolestaan rakkaudessa ja myötätunnossa, niin että riivaajan vaivaama perheenjäsen voi elää uskossa. Jumalan nähdessä tämän perheen hartauden ja rakkauden Hän paljastaa parantamisen työn. Jeesus käski meitä rakastamaan lähimmäistämme kuin itseämme (Luukkaan evankeliumi 10:27). Jos emme kykene rukoilemaan ja omistamaan aikaamme oman perheenjäsenemme puolesta, joka on paholaisen riivaama, kuinka voisimme sanoa rakastavamme lähimmäisiämme?

Paholaisen riivaaman perheen ja ystävien määritellessä syyn tähän, katuessa, rukoillessa uskossa Jumalan voimaan, antaessa rakkautta, ja istuttaessa uskon siemenen, silloin pahat voimat tulevat ajetuksi pois ja heidän rakkaastaan muotoutuu totuuden ihminen, jota Jumala suojaa ja varjelee riivaajilta.

Keinot parantaa paholaisen riivaamat

Monissa raamatun kohdissa on tapahtumia paholaisen riivaamien ihmisten parantamisesta. Tutkikaamme miten he saivat parantumisen.

1. Sinun täytyy vastustaa riivaajia

Markuksen evankeliumissa 5:1-20 on riivattu ihminen. Säkeet 3-4 kertoo hänestä sanoen, *"Hän asusti haudoissa. eikä kukaan enää voinut häntä kahleillakaan sitoa; sillä hän oli monta kertaa ollut sidottuna jalkanuoriin ja kahleisiin, mutta oli särkenyt kahleet ja katkonut jalkanuorat, eikä kukaan kyennyt häntä hillitsemään."* Opimme myös Markuksen evankeliumista 5:5-7, joka sanoo, *"Ja hän oleskeli aina, yötä ja päivää, haudoissa ja vuorilla, huutaen ja runnellen itseään kivillä. Kun hän kaukaa näki Jeesuksen, juoksi hän ja kumartui maahan hänen eteensä ja huutaen suurella äänellä, 'Mitä sinulla on minun kanssani tekemistä, Jeesus, Jumalan, Korkeimman, Poika? Minä vannotan sinua Jumalan kautta, älä vaivaa minua!'"*

Tämä oli vastaus siihen, mitä Jeesus oli käskenyt, "Lähde ulos miehestä, sinä saastainen henki!" Tämä tapahtuma kertoo meille, että vaikka ihmiset eivät tienneet Jeesuksen olevan Jumalan poika, saastainen henki tiesi tarkoin, kuka Jeesus oli ja millainen voima hänellä oli.

Sitten Jeesus kysyi, "Mikä on nimesi?" ja riivattu vastasi, "Leegio on minun nimeni, sillä meitä on monta." Hän myös aneli Jeesukselta yhä uudelleen ja uudelleen, ettei heitä lähetettäisi pois seudulta ja pyysi häntä lähettämään heidät sikoihin. Jeesus ei kysynyt nimeä, koska hän ei tiennyt sitä. Hän kysyi nimeä saastaista henkeä kuulustelevana tuomarina. Lisäksi, "Leegio" tarkoittaa suurta joukkoa riivaajia, jotka pitivät miestä vankinaan.

Jeesus antoi luvan "Leegiolle" mennä sikalaumaan, joka

syöksyi jyrkännettä alas järveen ja siat hukkuivat järveen. Ajaessamme riivaajia pois, meidän täytyy tehdä se totuuden sanalla, jota vesi symboloi. Kun ihmiset näkivät miehen, jota ihmisen voimat eivät voineet pidätellä, täysin parantuneena, istuen siinä, pukeutuneena ja täysissä mielen voimissa, he pelästyivät.

Miten meidän pitäisi ajaa pois riivaajia tänä päivänä? Ne tulisi ajaa pois Jeesuksen Kristuksen nimessä veteen, joka symboloi sanaa, tai tuleen, joka symboloi Pyhää Henkeä, niin että ne menettävät voimansa. Kuitenkin, koska riivaajat ovat hengellisiä olentoja, ne voidaan ajaa pois riivaajien poisajamisen voimalla varustetun henkilön rukouksilla. Ei uskovan ihmisen yrittäessä ajaa niitä pois, riivaajat puolestaan vähättelevät ja pilkkaavat häntä. Sen vuoksi, riivaajien vainoaman parantamiseksi, Jumalan ihmisen, jolla on voima ajaa ne ulos, tulee rukoilla hänen puolestaan.

Kuitenkin toisinaan riivaajia ei saada ajetuksi pois, vaikka Jumalan ihminen ajaa niitä pois Jeesuksen Kristuksen nimeen. Näin, koska riivaajien vaivaama ihminen on pilkannut Pyhää Henkeä, tai puhunut sitä vastaan (Matteuksen evankeliumi 12:31; Luukkaan evankeliumi 12:10). Parantuminen ei voi tapahtua joidenkin riivaajien vainoamien osalta, kun he tarkoituksella jatkavat synnin tekemistä, saatuaan totuuden tiedon.

Sen lisäksi kirjeestä hebrealaisille 6:4-6 löydämme, *"Sillä mahdotonta on niitä, jotka kerran ovat valistetut ja taivaallista lahjaa maistaneet ja Pyhästä Hengestä osallisiksi tulleet, ja maistaneet Jumalan hyvää sanaa ja tulevan maailmanajan voimia, ja sitten ovat luopuneet – taas uudistaa parannukseen, he kun jälleen itsellensä ristiinnaulitsevat Jumalan Pojan ja häntä julki häpäisevät."*

Nyt kun olemme oppineet tämän, meidän tulee varoa itseämme, niin ettemme tee koskaan syntejä, joihin emme voi saada anteeksiantoa. Meidän tulee myös erottaa totuudessa, onko joku riivaajien vainoama parannettavissa rukouksilla vai ei.

2. Aseista itsesi totuudella

Riivaajien tultua ajetuksi pois heistä, ihmisten tulee täyttää sydämensä elämällä ja totuudella, lukemalla ahkerasti Jumalan sanaa, ylistämällä Häntä ja rukoilemalla. Vaikka riivaajat on ajettu pois, jos ihmiset jatkavat synnissä elämistä aseistamatta itseään totuudella, poisajetut riivaajat tulevat takaisin ja tällä kertaa ne tulevat vielä ilkeämpien pirujen kanssa. Muista, että ihmisten tilanne tulee olemaan paljon pahempi kuin ensimmäisellä kerralla, jolloin riivaajat tulivat heihin.

Matteuksen evankeliumissa 12:43-45, Jeesus kertoo meille seuraavaa:

Kun saastainen henki lähtee ihmisestä, kuljeksii se autioita paikkoja ja etsii lepoa, eikä löydä. Silloin se sanoo, 'Minä palaan huoneeseeni, josta lähdin' ; ja kun se tulee, tapaa se huoneen tyhjänä ja lakaistuna ja kaunistettuna. Silloin se menee ja ottaa mukaansa seitsemän muuta henkeä, pahempaa kuin se itse, ja ne tulevat sisään ja asuvat siellä. Ja sen ihmisen viimeiset tulevat pahemmiksi kuin ensimmäiset. Niin käy myös tälle pahalle sukupolvelle.

Riivaajia ei pidä ajaa pois huolimattomasti. Sen lisäksi, riivaajien tultua ajetuksi pois, riivaajien vaivaaman ihmisen ystävien ja perheen tulisi ymmärtää ihmisen tarvitsevan nyt huolenpitoa ja entistä suurempaa rakkautta. Heidän tulee auttaa häntä omistautumisella ja uhrauksilla ja aseistaa hänet totuudella, kunnes on saatu täydellinen parannus.

Kaikki on mahdollista hänelle, joka uskoo

Markuksen evankeliumissa 9:17-27 on tapahtuma, jossa Jeesus, nähtyään tämän isän uskon, parantaa pojan, jolta paha henki on riistänyt puhetaidon ja joka kärsii epileptiasta. Tutkikaamme lyhyesti, kuinka poika sai parantumisen.

1. Perheen täytyy osoittaa uskonsa

Poika Markuksen evankeliumissa luvussa 9 oli ollut mykkä ja kuuro lapsuudestaan asti, koska hän oli riivattu. Hän ei ymmärtänyt sanaakaan ja hänen oli mahdotonta kommunikoida. Lisäksi oli vaikeata tietää milloin ja missä epileptiakohtaukset tapahtuisivat. Sen vuoksi, hänen isänsä eli aina pelossa ja tuskassa ja kaiken toivonsa elämässä menettäneenä.

Silloin mies kuuli galilealaisesta ihmisestä, joka oli tehnyt ihmeitä ja herättänyt kuolleita ja parantanut kaikenlaisia tauteja. Toivon kipinä alkoi elää miehen epätoivossa. Jos uutiset olivat totta, tämä ihminen Galileasta voisi parantaa myös hänen poikansa. Hyvän onnen etsinnässään isä toi poikansa Jeesuksen eteen ja sanoi Hänelle, *"Mutta jos sinä jotakin voit, niin armahda meitä ja auta meitä!"* (Markuksen evankeliumi 9:22)

Kuullessaan isän vakavan pyynnön Jeesus sanoi, "'Jos voit?' Kaikki on mahdollista hänelle, joka uskoo," ja moitti isää hänen vähästä uskostaan. Isä oli kuullut uutiset, mutta ei ollut uskonut niihin sydämessään. Jos isä olisi ollut tietoinen Jeesuksen olevan kaikkivaltiaan Jumalan poika ja itse totuus, hän ei olisi sanonut "Jos." Opettaakseen meille, että on mahdotonta miellyttää Jumalaa ilman uskoa, ja että on mahdotonta saada vastauksia ilman täydellistä uskoa, johon ihminen voi uskoa, Jeesus sanoi, "Jos voit?" moittiessaan isää hänen "vähäisestä uskostaan."

Yleisesti ottaen usko voidaan jakaa kahdenlaiseen ryhmään. "Lihan usko" tai "tiedon usko," jossa uskotaan siihen, mitä nähdään. Usko, johon voi uskoa ilman näkemistä on "hengellinen usko", "tosi usko," "elävä usko," tai "usko, jota seuraa teot." Tällainen usko voi luoda jotain ei-mistään. Raamatun mukaan "uskon" määritelmä on *"Luja luottamus siihen, mitä toivotaan, ojentautuminen sen mukaan, mikä ei näy"* (Kirje hebrealaisille 11:1).

Ihmisen kärsiessä ihmisen parannettavissa olevista taudeista, heidät voidaan parantaa Pyhän Hengen polttaessa taudin, heidän näyttäessään uskonsa ja heidän ollessaan Pyhän Hengen täyttämiä. Jos aloittelija uskon asioissa sairastuu, hän voi parantua avatessaan sydämensä, kuunnellessaan sanaa ja näyttäessä uskonsa. Jos kristillisessä uskossa vanhempi ja kokeneempi sairastuu, hän voi parantua muuttamalla tapojaan katumuksen kautta.

Ihmisten kärsiessä taudeista, joita lääketiede ei voi parantaa, heidän tulee näyttää vastaavasti vielä suurempaa uskoa. Jos kokenut uskova kristitty sairastuu, hän voi parantua avaamalla sydämensä, katumalla sydämestään ja rukoilemalla vakavasti. Jos joku, jolla on vähäinen tai olematon usko sairastuu, hän ei parannu, ennen kuin hänelle on annettu usko, ja parantamisen työ tulee tapahtumaan uskon kasvamisen mukaan.

Ne, jotka ovat fyysisesti vajavaisia, joiden kehot ovat epämuodostuneita, ja perinnöllisesti sairaat voivat parantua vain Jumalan ihmeteoilla. Heidän täytyy näyttää Jumalalle sitoutumista ja uskoa, jolla he voivat rakastaa ja miellyttää Häntä. Vasta silloin Jumala hyväksyy heidän uskonsa ja toteuttaa parantamisen. Ihmisten näyttäessä heidän innokkaan uskonsa Jumalaan – tavalla, jolla Bartimeus kutsui Jeesusta (Markuksen evankeliumi 10:46-52), tavalla, jolla sadanpäämies näytti Jeesukselle suuren uskonsa (Markuksen evankeliumi 8:5-13), ja tavalla, jolla halvaantunut ja hänen neljä ystäväänsä näyttivät uskonsa ja hartautensa (Markuksen evankeliumi 2:3-12) – Jumala antaa heille parannuksen.

Vastaavasti, koska riivaajien kiusaamat ihmiset eivät voi parantua ilman Jumalan työtä ja ovat kykenemättömiä näyttämään uskonsa, jotta parantaminen voidaan tuoda alas taivaasta, heidän perheittensä muiden jäsenten täytyy uskoa kaikkivaltiaaseen Jumalaan ja tulla Hänen eteensä.

2. Ihmisillä täytyy olla usko, johon he voivat luottaa.

Isä, jonka poika oli ollut pitkään riivaajien kiusaama, tuli aluksi Jeesuksen moittimaksi vähäisestä uskostaan. Jeesuksen sanoessa varmuudella miehelle, *"Kaikki on mahdollista sille, joka uskoo"* (Markuksen evankeliumi 9:23) isän huulet antoivat tunnustuksen, "Minä uskon." Kuitenkin hänen uskonsa oli rajoittunut tietoon. Tämä vuoksi isä anoi Jeesusta, *"Auta minun epäuskoani!"* (Markuksen evankeliumi 9:24). Kuultuaan anovan isän, jolla Jeesus tiesi olevan vilpitön sydän, harras rukous ja usko, Hän antoi isälle uskon, johon tämä saattaisi nyt luottaa.

Samassa yhteydessä, kutsumalla Jumalaa, voimme saada uskon, johon voimme luottaa ja tällaisella uskolla meistä tulee sopivia vastaanottamaan vastauksia ongelmiimme ja "mahdoton" tulee "mahdolliseksi."

Isän saatua uskon, johon saattoi luottaa, Jeesus määräsi, *"Sinä mykkä ja kuuro henki, minä käsken sinua; lähde ulos hänestä, äläkä enää häneen mene,"* paha henki jätti pojan huudon kera (Markuksen evankeliumi 9:25-27). Isän huulien anoessa uskoa, johon hän voisi luottaa ja toivoessa Jumalan väliintuloa – vielä senkin jälkeen, kun Jeesus oli häntä moittinut – Jeesus näytti hämmästyttävän parantamisen työn.

Jeesus jopa vastasi ja antoi täyden parantumisen isän pojalle, joka oli ollut puhelahjan ryöstäneiden henkien riivaama, ja joka oli kärsinyt epileptiasta, niin että hän usein kaatui, vaahtosi suustaan, kiristeli hampaitaan ja tuli jäykäksi. Eikö Hän silloin sallisi kaiken menevän hyvin heille ja johtaisi heidät elämään terveenä, jotka uskovat Jumalan voimaan, joka tekee kaikesta mahdollisen ja elävät Hänen sanansa mukaan?

Pian Manmin'in perustamisen jälkeen, nuori mies Gang-won provinssista vieraili kirkossa kuultuaan siitä uutisia. Nuori mies ajatteli palvelevansa Jumalaa uskollisesti sunnuntaikoulun opettajana ja kuoron jäsenenä. Kuitenkin, koska hän oli kovin ylpeä, eikä heittänyt pois pahuutta sydämestään, vaan sen sijaan keräsi siihen syntiä, nuori mies kärsi pahan hengen mentyä hänen likaiseen sydämeensä ja alkaessa asua siellä. Parantamisen työ todistettiin hänen isänsä totisilla rukouksilla ja hartaudella. Määriteltyään pahan hengen luonteen ja ajaessaan sen pois rukouksilla, nuori mies vaahtosi suustaan, kääntyi selälleen ja haisi pahalle. Tämän tapauksen jälkeen nuoren miehen elämä uudistui hänen aseistaessaan itsensä totuudella Manmin'issa. Tänä päivänä hän palvelee uskollisesti kirkkoaan Gang-won'issa ja antaa kunnian Jumalalle jakamalla tiedon parantumisensa armosta lukemattomien ihmisten kanssa.

Toivon sinun tulevan ymmärtämään Jumalan työn laajuuden olevan rajattoman ja kaiken olevan sille mahdollista, niin että etsiessäsi rukouksessa, et tule vain Jumalan siunatuksi lapseksi, vaan myös Hänen hellimäkseen pyhäksi, jolle kaikki menee kaikkina aikoina hyvin. Tätä minä rukoilen, Herran nimeen.

Kappale 7

Naamanin, spitaalisen usko
ja tottelevaisuus

2 Kuningasten kirja 5:9-10, 14

"Niin Naaman tuli hevosineen ja vaunuineen ja pysähtyi Elisan talon oven eteen. Elisa lähetti hänen luokseen sanansaattajan ja käski sanoa, 'Mene ja peseydy seitsemän kertaa Jordanissa, niin lihasi tulee entisellensä ja sinä tulet puhtaaksi.' Niin hän meni ja sukelsi Jordaniin seitsemän kertaa, niinkuin Jumalan mies oli sanonut, ja hänen lihansa tuli entisellensä, pienen pojan lihan kaltaiseksi, ja hän tuli puhtaaksi."

Kenraali Naaman, spitaalinen

Elämässämme kohtaamme ongelmia, isoja ja pieniä. Toisinaan kohtaamme ongelmia, joita ihminen ei voi ratkaista. Aram nimisessä maassa, Israelista pohjoiseen oli Naaman niminen armeijan komentaja. Hän oli johtanut Aram'in armeijan voittoon maan kriittisimpänä hetkenä. Naaman rakasti maataan ja palveli uskollisesti kuningastaan. Vaikkakin kuningas arvosti suuresti Naamania, kenraali oli ahdistunut vain hänen itsensä tietämän salaisuuden johdosta.

Mikä oli hänen ahdistuksensa syy? Naaman ei ollut ahdistunut vaurauden tai kuuluisuuden puutteen vuoksi. Naaman ei ollut onnellinen elämässään, koska oli spitaalinen, ja kärsi tästä parantumattomasta sairaudesta, jota sen ajan lääketiede ei osannut parantaa.

Naaman'in aikoina spitaalisia pidettiin epäpuhtaina. Heidät pakotettiin elämään eristyksissä kaupungin ulkopuolella. Naaman'in kärsimykset olivat vielä enemmän kestämättömiä, koska kivun lisäksi sairautta seurasi muita ongelmia. Spitaaliin liittyi läikkiä kehossa, erityisesti kasvoissa, käsissä ja jaloissa, jalkapohjissa sekä aistien huonontumista. Vakavissa tapauksissa silmäluomet, sormien ja varpaiden kynnet irtosivat ja koko olemus muuttui kammottavaksi.

Sitten yhtenä päivänä, parantumattomaan tautiin sairastunut ja elämässään onneton Naaman kuuli hyviä uutisia. Israelista vangiksi otetun, hänen vaimonsa palvelijana toimivan, nuoren tytön mukaan Samariassa oli profeetta, joka parantaisi Naaman'in hänen spitaalistaan. Koska ei ollut mitään, mitä hän ei tekisi parantuakseen, Naaman kertoi kuninkaalleen sairaudestaan ja mitä hän oli kuullut palvelijaltaan. Kuullessaan, että uskollinen kenraali parannettaisiin spitaalistaan, jos hän menisi profeetta Samaria'n luo, kuningas auttoi innokkaasti Naaman'ia ja jopa kirjoitti kirjeen Israelin kuninkaalle suosituskirjeen Naaman'ista.

Naaman lähti Israeliin mukanaan kymmenen taaleria hopearahoja, kuusituhatta kultasekeliä ja kymmenen vaatekertaa sekä kuninkaan kirje, jossa luki, *"Kun tämä kirje tulee sinulle, niin katso, minä olen lähettänyt luoksesi palvelijani Naaman'in, että sinä päästäisit hänet hänen spitaalistaan"* (säe. 6). Tuohon aikaan Aram oli voimakkaampi kansakunta kuin Israel. Luettuaan Aram'in kuninkaan kirjeen Israelin kuningas repi vaatteensa ja sanoi, *"Olenko minä Jumala? Miksi tämä ihminen lähettää minun luokseni jonkun parannettavaksi spitaalista. Katso kuinka hän yrittää luoda riidan minun kanssani!"* (säe. 7).

Israelin profeetan Elisa'n kuultua nämä uutiset, hän tuli kuninkaan luo ja sanoi, *"Miksi olet repinyt vaatteesi? Anna hänen tulla minun luokseni, niin hän tulee tietämään, että Israelissa on profeetta"* (säe. 8). Israelin kuninkaan lähetettyä Naaman'in Elisa'n talolle, profeetta ei tavannut kenraalia vaan ainoastaan sanoi sanansaattajan välityksellä, *"Mene ja peseydy seitsemän kerta Jordan'issa, niin lihasi tulee entisellensä, ja sinä tulet puhtaaksi"* (säe. 10).

Mutta kuinka nolostuttavalta tämän onkaan täytynyt tuntua Naaman'ista, joka oli mennyt hevosineen ja vaunuineen Elisa'n talolle, vain havaitakseen, ettei profeetta toivottanut häntä tervetulleeksi, eikä tavannut häntä? Kenraali vihastui. Hän oli ajatellut, että jos Israelia vahvemman maan armeijan komentaja tulee vierailulle, profeetta toivottaisi hänet kohteliaasti tervetulleeksi ja laskisi kätensä hänen päälleen. Sen sijaan Naaman sai profeetalta kylmän vastaanoton ja häntä käskettiin peseytymään pienessä ja likaisessa Jordan joessa.

Vihaisena Naaman ajatteli palata kotiin, sanoen, *"Katso, minä luulin, 'hänen edes tulevan ja astuvan esiin ja rukoilevan Herran, Jumalansa, nimeä, heiluttavan kättänsä sen paikan yli ja niin poistavan spitaalin.' Eivätkö Damaskon virrat, Abana ja Parpar, ole kaikkia Israelin vesiä paremmat? Voisinhan minä yhtä hyvin peseytyä niissä tullakseni puhtaaksi"* (säkeet. 11-12) hänen valmistautuessaan kotimatkalla Naaman'in palvelijat anoivat häntä. *"Isäni, jos profeetta olisi määrännyt sinulle jotain erinomaista, etkö tekisi sitä? Saati sitten, kun hän sanoi sinulle ainoastaan, 'Peseydy, niin tulet puhtaaksi.'"* (säe. 13). He kehottivat isäntäänsä noudattamaan Elisa'n ohjeita.

Mitä tapahtui, kun Naaman sukelsi Jordan virtaan seitsemän kertaa, kuten Elisa oli käskenyt häntä tekemään? Hänen lihansa tuli puhtaaksi, kuin nuorella pojalla. Naaman'ia suuresti vaivannut spitaali parantui kokonaan. Ihmisen kyvyille parantumattoman taudin tultua kokonaan parannetuksi

Naaman'in noudatettua Jumalan palvelijan neuvoa, kenraali hyväksyi elävän Jumalan olemassaolon ja Elisa'n Jumalan palvelijana.

Koettuaan elävän Jumalan voiman – spitaalin parantavan Jumalan – Naaman meni takaisin Elisa'n luo, tunnustaen, *"Sitten hän palasi Jumalan miehen luo, hän ja koko hänen joukkonsa, meni sisälle, astui hänen eteensä ja sanoi, 'Katso, nyt minä tiedän, ettei Jumalaa ole missään muualla maan päällä kuin Israelissa. Ota siis vastaan jäähyväislahja palvelijaltasi.' Mutta hän vastasi, 'Niin totta kuin HERRA elää, jonka edessä minä seison, en minä sitä ota.' Ja Naaman pyytämällä pyysi häntä ottamaan, mutta hän epäsi. Naaman sanoi, 'Jos et tätä otakaan, salli kuitenkin palvelijasi saada sen verran maata,' kuin muulipari voi kantaa. Sillä palvelijasi ei enää uhraa polttouhria eikä teurasuhria muille Jumalille kuin Herralle,"* ja antoi kunnian Jumalalle (2 Kuningasten kirja 5:15-17).

Naaman'in usko ja teot

Tutkikaamme nyt Naaman'in uskoa ja tekoja hänen tavattuaan parantavan Jumalan ja tultuaan parannetuksi parantumattomasta taudista.

1. Naaman'in hyvä omatunto

Jotkut ihmiset hyväksyvät ja uskovat helposti toisten sanoja, kun taas toiset aina asiasta riippumatta epäilevät toisia, eivätkä luota heihin. Koska Naaman'illa oli hyvä omatunto, hän ei jättänyt huomiotta toisten ihmisten puheita, vaan ystävällisesti hyväksyi ne. Hän meni Israeliin, noudatti Elisa'n ohjeita, ja sai parannuksen, koska hän ei jättänyt huomiotta, vaan kuunteli tarkasti ja uskoi vaimoaan palvelevan nuoren tytön sanoja. Tämän, Israelista vangitun nuoren tytön sanoessa hänen vaimolleen, *"Oi, jospa herrani kävisi profeetan luona Samariassa! Hän kyllä päästäisi hänet hänen spitaalistaan"* (säe. 5). Naaman uskoi häntä. Kuvittele itsesi Naaman'in asemaan. Mitä olisit tehnyt? Olisitko täysin hyväksynyt hänen sanansa?

Huolimatta nykyaikaisen lääketieteen edistyksestä, on monia sairauksia, joita vastaan se on hyödytön. Jos kertoisit toisille ihmisille tulleesi parannetuksi parantumattomasta sairaudesta Jumalan toimesta, tai muiden rukoiltua puolestasi, kuinka monen ihmisen luulisit uskovan sinua? Naaman uskoi nuoren tytön sanoihin, meni hakemaan lupaa kuninkaaltaan, meni Israeliin, ja sai parannuksen spitaalilleen. Toisin sanoen, koska Naaman'illa oli hyvä omatunto, hän saattoi hyväksyä nuoren tytön sanat hänen käännyttäessään Naaman'ia ja käyttäytyessään sen mukaisesti. Meidän tulee myös tajuta, että kun meille on saarnattu evankeliumia, voimme saada vastauksia ongelmiimme vain uskoessamme opetukseen ja tullessamme Jumalan eteen Naaman'in tavoin.

2. Naaman löi pirstaleiksi ajatuksensa

Naaman'in mentyä kuninkaansa avulla Israeliin ja saavuttua Elisa'n talolle hän sai kylmän vastaanoton profeetalta, joka saattoi parantaa spitaalin. Hän tuli varmasti vihaiseksi, kun Elisa, jolla ei-uskovan Naaman'in silmissä ei ollut mitään kuuluisuutta, tai sosiaalista asemaa, ei toivottanut tervetulleeksi Aram'in kuninkaan uskollista palvelijaa ja käski Naaman'in – sanansaattajan kautta – pestä itsensä seitsemän kertaa Jordan virrassa. Naaman oli raivoissaan, koska hänet oli lähettänyt Aram'in kuningas henkilökohtaisesti. Lisäksi, Elisa ei edes pannut kättään sen paikan yli, vaan sen sijaan kertoi Naaman'ille hänen puhdistuvan, jos hän pesee itsensä likaisessa ja saastaisessa Jordan joessa.

Naaman vihastui Elisaan ja profeetan toimintaan, jota ei voinut omissa ajatuksissaan ymmärtää. Hän valmistautui kotimatkalle ajatellen, että hänen kotimaassaan oli monia isoja ja puhtaita jokia ja tulevansa puhtaaksi, jos hän peseytyi jossakin niistä. Tällöin Naamn'in palvelijat kehottivat herraansa noudattamaan Elisa'n ohjeita sukeltaa Jordan jokeen.

Koska Naaman'illa oli hyvä omatunto, kenraali ei toiminut ajatustensa mukaisesti, vaan sen sijaan päätti noudattaa Elisa'n ohjeita ja meni Jordan virralle. Naaman'in sosiaalisen aseman omaavien ihmisten joukossa, kuinka moni olisi katunut ja noudattanut palvelijoidensa, tai muiden itseään alemmassa asemassa olevien ihmisten kehotuksia?

Voimme lukea Jesajasta 55:8-9, *" 'Sillä minun ajatukseni eivät ole teidän ajatuksianne, eivätkä teidän tienne ole minun teitäni,' sanoo HERRA. 'Vaan niin paljon korkeampi kuin taivas on maata, ovat minun tieni korkeammat teidän teitänne ja minun ajatukseni teidän ajatuksianne.'"* Pitäessämme kiinni ihmisten ajatuksista ja teorioista, emme voi noudattaa Jumalan sanaa. Muistakaamme Jumalaa tottelemattoman kuningas Saul'in kohtalo. Pitäessämme yhtä ihmisten ajatusten kanssa ja ollessamme noudattamatta Jumalan tahtoa, tämä on tottelemattomuuden teko, ja jos emme hyväksy tottelemattomuuttamme, meidän tulee muistaa Jumalan jättävän ja hylkäävän meidät samoin, kuin Hän hylkäsi kuningas Saul'in.

Me luemme 1. Samuelin kirjasta 15:22-23, *"Samuel sanoi, 'Haluaako HERRA polttouhreja ja teurasuhreja yhtä hyvin kuin kuuliaisuutta HERRAN äänelle? Katso, kuuliaisuus on parempi kuin uhri ja tottelevaisuus parempi kuin oinasten rasva. Sillä tottelemattomuus on taikuuden syntiä, ja niskoittelu on valhetta ja kuin kotijumalan palvelusta. Koska sinä olet hyljännyt HERRAN sanan, on myös hän hyljännyt sinut, etkä sinä enää saa olla kuninkaana."* Naaman ajatteli kahdesti ja päätti pirstoa omat ajatuksensa ja seurata Elisa'n, Jumalan miehen ohjeita.

Samalla meidän tulee muistaa, että vain heittäessämme pois tottelemattomat sydämemme ja muuttaessamme ne Jumalan tahdon mukaisiksi tottelevaisuuden sydämiksi voimme saavuttaa sydämiemme toiveet.

3. Naaman noudatti profeetan sanaa

Seuraten Elisa'n ohjeita, Naaman meni alas Jordan joelle ja pesi itsensä. Oli monia muita, Jordania isompia ja puhtaampia jokia, mutta Elisa'n ohje mennä Jordan'iin sisälsi hengellisen merkityksen. Jordan joki symboloi pelastusta ja vesi symboloi Jumalan sanaa, joka puhdistaa ihmisen synnit ja antaa heille mahdollisuuden saavuttaa pelastus. (Johanneksen evankeliumi 4:14). Tämän vuoksi Elisa tahtoi Naaman'in pesevän itsensä hänet pelastukseen johtavassa Jordan joessa Ei sillä väliä, miten isoja ja puhtaita toiset joet saattavat olla, ne eivät johda ihmisiä pelastukseen, eikä niillä ole mitään tekemistä Jumalan kanssa, ja sen vuoksi Jumalan työtä ei voida paljastaa noissa vesissä.

Kuten Jeesus sanoo meille Johanneksen evankeliumissa 3:5, *"Totisesti, totisesti minä sanon sinulle, jos joku ei synny vedestä ja Hengestä, ei hän voi päästä sisälle Jumalan valtakuntaan,"* pesemällä itsensä Jordan joessa, Naaman'ille on avattu polku vastaanottaa syntiensä anteeksianto ja pelastus ja tavata elävä Jumala.

Miksi sitten Naaman'in täytyi peseytyä seitsemän kertaa? Luku "7" on kokonaisluku, joka symboloi täydellisyyttä.

Käskemällä Naaman'ia peseytymään seitsemän kertaa Elisa neuvoi kenraalia vastaanottamaan syntiensä anteeksianto ja asumaan Jumalan sanassa. Vasta sitten Jumala, jolle kaikki on mahdollista, toteuttaa parantamisen työn ja parantaa minkä tahansa parantumattoman sairauden.

Sen vuoksi opimme Naaman'in saaneen parannuksen spitaaliinsa, jota vastaan niin lääketiede kuin ihminenkin oli voimaton, koska hän noudatti profeetan sanaa. Tästä kirjoitukset selvästi kertovat meille, *"Sillä Jumalan sana on elävä ja voimallinen ja terävämpi kuin mikään kaksiteräinen miekka ja tunkee lävitse, kunnes se erottaa sielun ja hengen, nivelet sekä ytimet, ja on sydämen ajatusten ja aivoitusten tuomitsija. Eikä mikään luotu ole Hänelle näkymätön, vaan kaikki on alastonta ja paljastettua Hänen silmäinsä edessä, jolle meidän on tehtävä tili."* (Kirje hebrealaisille 4:12-13).

Naaman meni Jumalan eteen, jolle mikään ei ole mahdotonta, pirstoi ajatuksensa, katui ja noudatti Hänen tahtoaan. Naaman'in sukeltaessa seitsemän kertaa Jordan jokeen, Jumala näki hänen uskonsa, paransi hänet spitaalista, ja Naaman'in liha palautui ja tuli puhtaaksi kuin nuoren pojan.

Näyttämällä meille selvän todisteen, että spitaalin parantaminen oli mahdollista vain Hänen voimallaan, Jumala kertoo meille minkä tahansa parantumattoman taudin olevan parannettavissa, kun miellytämme Häntä uskollamme, jota seuraa teot.

Naaman antaa kunnian Jumalalle

Naaman'in tultua parannetuksi spitaalista, hän tuli takaisin Elisa'n luo, ja tunnusti, "Katso, nyt minä tiedän, ettei Jumalaa ole missään muualla maan päällä kuin Israelissa....palvelijasi ei enää uhraa polttouhria eikä teurasuhria muille Jumalille kuin Herralle," ja antoi kunnian Jumalalle.

Luukkaan evankeliumissa 17:11-19 on tapahtuma, jossa kymmenen ihmistä tapaa Jeesuksen ja parantuvat spitaalista. Kuitenkin vain yksi heistä tuli takaisin Jeesuksen luo, ylistäen Jumalaa suureen ääneen ja heitti itsensä Jeesuksen jalkojen juureen ja kiitti häntä. Säkeissä 17-18, Jeesus kysyi mieheltä, *"Eivätkö kaikki kymmenen puhdistuneet? Missä ne yhdeksän ovat? Eikö ollut muita, jotka olisivat palanneet Jumalaa ylistämään, kuin tämä muukalainen?"* Seuraavassa säkeessä 19, hän sitten sanoo miehelle, *"Nouse ja mene, sinun uskosi on sinut pelastanut."* Jos saamme parantumisen Jumalan voimasta, meidän ei tule ainoastaan antaa kunnia Jumalalle, hyväksyä Jeesus Kristus ja saavuttaa pelastus, vaan myös elää Jumalan sanan mukaan.

Naaman'illa oli hyvä usko ja teot, joiden vuoksi hän saattoi tulla parannetuksi spitaalista, siihen aikaan parantumattomasta taudista. Hänellä oli hyvä omatunto uskoa vangiksi otetun nuoren palvelijatytön sanoja. Hänellä oli sen kaltainen usko, jonka avulla hän valmisti arvokkaan lahjan vierailla profeetan luona. Hän oli tottelevainen, vaikka profeetta Elisa'n ohjeet eivät sopineet yhteen hänen omien ajatustensa kanssa.

Naaman, pakana, oli kärsinyt parantumattomasta taudista, mutta tautinsa kautta hän kohtasi elävän Jumalan, ja koki parantamisen työn. Jokainen, joka tulee kaikkivaltiaan Jumalan eteen, osoittaa uskonsa, ja tekonsa, tulee saamaan vastaukset kaikkiin ongelmiinsa riippumatta siitä, kuinka vaikeita ne saattavat olla.

Olkoon sinulla arvokas usko, näytä uskosi teoillasi, saa vastaukset kaikkiin elämäsi ongelmiin, ja tule siunatuksi pyhäksi ylistäen Jumalaa. Herramme nimeen, tätä minä rukoilen.

Tekijä
Pastori Dr. Jaerock Lee

Dr. Jaerock Lee syntyi Muan'issa Jeonnam provinssissa, Korean Tasavallassa vuonna 1943. Kaksikymmenvuotiskautenaan Dr. Lee kärsi useista parantumattomista sairauksista seitsemän vuotta ja odotti kuolemaa ilman toivoa paranemisesta. Kuitenkin, eräänä kevätpäivänä 1974, hänen sisarensa vei hänet kirkkoon. Hänen polvistuessaan rukoilemaan elävä Jumala välittömästi paransi hänet kaikista hänen sairauksistaan.

Siitä hetkestä alkaen, jolloin Dr. Lee kohtasi elävän Jumalan tuon ihmeellisen kokemuksen kautta, hän on rakastanut Jumalaa koko sydämellään ja rehellisyydellään ja kutsuttiin vuonna 1978 Jumalan palvelijaksi. Hän rukoili kiihkeästi oppiakseen ymmärtämään Jumalan tahtoa ja saavutti sen täysin, sekä noudatti Jumalan kaikkia sanoja. Vuonna 1982 hän perusti Manmin kirkon Seoul'iin ja lukemattomia Herran töitä, mukaanlukien ihmeparantumisia ja ihmeitä, on tapahtunut hänen kirkossaan.

Vuonna 1986 Dr. Lee vihittiin papiksi Jeesuksen Sungkyal kirkon vuosikokouksessa Koreassa ja neljä vuotta myöhemmin hänen saarnojansa alettiin lähettää Australiaan, USAhan, Venäjälle, Filippiineille, ja muualle Far East Broadcasting Company'n, Asia Broadcast Station'in ja Washington Christian Radio System'in kautta.

Kolme vuotta myöhemmin 1993 Manmin Central Church valittiin yhdeksi "Maailman 50 parhaaksi kirkoksi" Christian World lehden (Amerikka) toimesta ja hän vastaanotti jumaluusopin kunniatohtorin arvon Christian Faith College'sta, Florida'ssa, USA'ssa, ja vuonna 1996 tohtorinarvon pappeudessa Kingsway Theological Seminary'sta, Iowa'ssa,

USA'ssa.

Vuodesta 1993 Dr. Lee on johtanut maailmanlähetystä monilla ulkomaan ristiretkillä, Tansaniassa, Argentiinassa, Ugandassa, Japanissa, Pakistanissa, Keniassa, Filippiineillä, Hondurasissa, Intiassa, Venäjällä, Saksassa, Perussa, Kongon Demokraattisesa Tasavallassa, ja New Yorkissa Amerikassa. Vuonna 2002 hänet nimitettiin "maailmanlaajuiseksi pastoriksi" Korean johtavien kristillisten lehtien toimesta hänen ulkomaisilla ristiretkillä tekemänsä työn johdosta.

Helmikuu 2013 Manmin Central Church seurakunnassa oli yli 120.000 jäsentä ja 10.000 kotimaista ja ulkomaista sivukirkkoa ympäri maapalloa. Kirkko on tähän mennessä lähettänyt yli 129 lähettilästä 23 maahan, mukaanlukien Yhdysvallat, Venäjä, Saksa, Kanada, Japani, Kiina, Ranska, Intia, Kenia, ja monta muuta maata.

Tähän päivään mennessä Dr. Lee on kirjoittanut 84 kirjaa, mukaan lukien bestsellerit Ikuisen Elämän Maistaminen Ennen Kuolemaa, Elämäni ja Uskoni, Ristin Sanoma, Uskon Mitta, Henki Sielu ja Ruumis, Taivas I & II, Helvetti sekä Jumalan Voima. Hänen teoksiaan on käännetty yli 75 kielelle.

Dr. Lee on nykyisin perustaja ja presidentti lukuisissa lähetysorganisaatioissa ja yhdistyksissä. Hän on puheenjohtaja, The United Holiness Church of Jesus Christ; presidentti, Manmin World Mission; perustaja & johtokunnan puheenjohtaja, Global Christian Network (GCN); perustaja & johtokunnan puheenjohtaja, The World Christian Doctors Network (WCDN); ja perustaja & johtokunnan puheenjohtaja, Manmin International Seminary (MIS).

Taivas I & II

Yksityiskohtainen kuvaus siitä ihmeellisestä elinympäristöstä josta taivaalliset kansalaiset saavat nauttia sekä taivaallisen kuningaskunnan eri tasoista.

Elämäni ja Uskoni I & II

Uskomaton hengellisyyden aromi elämästä joka puhkesi vertaistaan vailla olevaan rakkauteen Jumalaa kohtaan tummien aaltojen, kylmien ikeiden ja syvän epätoivon keskellä.

Ristin Sanoma

Voimallinen herätysviesti kaikille niille jotka ovat hengellisesti nukuksissa. Tästä kirjasta sinä löydät Jumalan todellisen rakkauden ja syyn siihen että Jeesus on Pelastaja

Uskon Mitta

Minkälainen asuinsija sinulle on valmistettu taivaaseen ja minkälaiset palkkiot odottavat sinua siellä? Tämä kirja antaa sinulle viisautta ja ohjeistusta jotta sinä voisit mitata uskosi määrän ja kasvattaa uskostasi syvemmän ja kypsemmän.

Helvetti

Vilpitön viesti koko ihmiskunnalle Jumalalta, joka ei tahdo yhdenkään sielun joutuvan helvetin syvyyksiin! Sinä löydät koskaan aikaisemmin paljastamattoman kuvauksen Helvetin julmasta todellisuudesta

www.ingramcontent.com/pod-product-compliance
Lightning Source LLC
Chambersburg PA
CBHW030315130626
46549CB00002B/872